Adolf Ringer
Rottweiler

Herausgegeben unter dem Patronat des
Verbandes für das Deutsche Hundewesen e. V.,
44141 Dortmund

Adolf Ringer

Rottweiler

Praktische Ratschläge für Haltung, Pflege und Erziehung

9., überarbeitete Auflage
Mit 40 Abbildungen, davon 27 farbig

Parey Buchverlag Berlin 1997

Parey Buchverlag im
Blackwell Wissenschafts-Verlag
Kurfürstendamm 57, D-10707 Berlin

Das Kapitel „Gesundheit" wurde von Dr. med. vet. Peter Brehm, das Kapitel „Ernährung" von Dipl. vet. med. Lutz Salomon verfaßt.

Die Wiedergabe von Gebrauchsnamen, Handelsnamen, Warenbezeichnungen usw. in diesem Buch berechtigt auch ohne besondere Kennzeichnung nicht zu der Annahme, daß solche Namen im Sinne der Warenzeichen- u. Markenschutzgesetzgebung als frei zu betrachten wären und daher von jedermann benutzt werden dürften.

Die Deutsche Bibliothek – CIP-Einheitsaufnahme

Der **Rottweiler** : praktische Ratschläge für Haltung,
Pflege und Erziehung / Adolf Ringer. [Das Kap. „Ge-
sundheit" wurde von Peter Brehm, das Kap. „Ernäh-
rung" von Lutz Salomon verf.] – 9., überarb. Aufl. –
Berlin : Parey, 1997
(Dein Hund)
ISBN 3-8263-8438-5

1.–8. Auflage: © 1975 Verlag Paul Parey, Hamburg
9. Auflage: © 1997 Blackwell Wissenschafts-Verlag, Berlin · Wien

Einbandgestaltung: Rudolf Hübler, Berlin, unter Verwendung eines Fotos von Rolf Hinz, Wedel
Satz und Repro: Type-Design, Berlin
Druck und Bindung: Grafos S. A., Arte sobre papel, Barcelona

Gedruckt auf chlorfrei gebleichtem Papier

Printed in Spain · ISBN 3-8263-8438-5

Geleitwort

In den letzten Jahren konnte ein deutlicher Trend in der Hundehaltung festgestellt werden: einerseits zu „großstadtgeeigneten" kleinen Hunderassen, andererseits aber auch zu Rassen, die den Schutzhunden zuzuordnen sind.

Unter den Schutzhundrassen nimmt der Rottweiler einen ganz besonderen Platz ein. Wesensfest, mutig, unerschütterlich und robust wie er ist, ist er jederzeit bereit, sich für seine Familie einzusetzen.

Der Autor ist als Leiter der Militär-Diensthundeschule des Österreichischen Bundesheeres dieser Rasse besonders verbunden. Hunderte Rottweiler wurden in der Militär-Diensthunde-Staffel gezüchtet, aufgezogen und zu Diensthunden ausgebildet. Diese Rottweiler machten aber nicht nur durch ihre großartigen Leistungen von sich reden, sondern errangen auch im Ausstellungsring höchste Auszeichnungen. Adolf Ringer war früher selbst erfolgreicher Hundesportler und gibt nunmehr seinen reichen Erfahrungsschatz in den Ausbildungskursen weiter. Er ist Leistungs- und Formwertrichter für viele Rassen. Auf den meisten großen Ausstellungen Europas hat er schon gerichtet. Als Vorstandsmitglied des Österreichischen Kynologenverbandes ist er für die Belange der Schutz- und Gebrauchshunde mitverantwortlich.

Dieses Buch wurde von einem Praktiker geschrieben, der voll im kynologischen Geschehen steht. Möge es viele Hundefreunde zu Rottweilerfreunden machen.

Karl P. Reisinger
Präsident des ÖKV
Vorstandsmitglied der FCI

Inhalt

Wir möchten einen Hund

Wir haben Platz. Unsere Umgebung – z. B. die Hausverwaltung, Gemeinde, Nachbarn – hat auch nichts dagegen. Wir wollen uns Zeit für ihn nehmen, wir wissen, daß ein Hund viel Geld kostet, aber auch viel Freude bringt. Der Gedanke, einen Hund anzuschaffen, taucht eines Tages in uns plötzlich auf, wird bohrender, nimmt konkrete Formen an. Die Vorstellung vom Wesen, dem Aussehen und den Eigenschaften wird immer deutlicher.

Wir wünschen uns einen kräftigen, mittelgroßen Hund. Pflegeleicht, man denkt an die Möbel und Teppiche, soll er auch sein, aber trotzdem robust, wir wollen ja bei jedem Wetter mit ihm hinausgehen. Es wäre auch von Vorteil, wenn er nicht nur ein idealer Begleiter wäre, sondern auch ein Hund, auf den man sich verlassen

Ein starkes Quartett

Einer, auf den man sich verlassen kann

kann, wenn Frau und Kinder mit ihm allein spazierengehen, also ein Schutzhund. Es wäre auch schön, mit ihm Prüfungserfolge erringen zu können. Ein Pokal würde sich daheim in der Vitrine recht gut machen. Doch was sind das für Höhenflüge! Es scheint besser, erst einmal auf den Boden der Wirklichkeit zurückzukehren. Was wir uns zunächst wünschen können, ist ein Hund, der uns täglich mit seiner Anhänglichkeit seine Zuneigung zeigt, der ein freundliches Wesen besitzt und trotz seines Schutzinstinktes auch Nachbars Kinder toleriert. Dieser recht konkreten Vorstellung wird eigentlich am ehesten der Rottweiler gerecht.

Der Rottweiler – eine traditionsreiche Hunderasse aus Deutschland

Entstehung und Verbreitung

Als Urahn unserer heutigen Haushunde (Canis familiaris) wird der Wolf (Canis lupus) mit seinen zahlreichen Unterarten angesehen. Bei allen anderen hundeartigen Raubtieren (Caniden) einschließlich der Schakale und Füchse wird von den Fachleuten heute ausgeschlossen, daß sie auch als mögliche Urahnen des Canis familiaris in Frage kommen. Die Domestikation des Haushundes wurde vor ungefähr zehntausend Jahren eingeleitet.

Die Urahnen unserer Rottweiler sind in der damaligen römischen Provinz Germania als Kampf-, Herden- und Treibhunde zu finden. Die molossoidartigen Hunde – das Wort kommt von den Molossern, ein griechisches Volk, das in Epirus lebte und wegen seiner Jagdunde berühmt war

Rottweiler um die Jahrhundertwende – auch als Arbeitstier eingesetzt

– zogen mit den römischen Legionen über die Alpen, trieben das Vieh und beschützten die Menschen. Auch heute noch kennt man den Verlauf der alten römischen Heeresstraßen. Eine führte von den Schweizer Alpen nach Nordosten in die Richtung des Bodensees. Eine andere Straße führte in den westlichen Raum, eine weitere in das Gebiet der heutigen Stadt Rottweil.

Die römischen Urahnen unserer Rottweiler wurden im Laufe der Jahrhunderte mit zugewanderten und bodenständigen Hirtenhunden, wahrscheinlich auch mit kräftigen Bullenbeißern verschiedener Schläge gepaart. Die wichtigste Aufgabe dieser Hunde bestand darin, ihren Herrn zu schützen und zu verteidigen sowie Viehherden zu treiben und zu hüten. Nach dem Ort ihrer häufigsten Ver-

Wilhelm Faussner sen. mit seinen beiden Rottweilern (1930)

breitung, der damaligen Reichsstadt Rottweil, erhielten sie im Mittelalter den Namen „Rottweiler Metzgerhund". Gerade die Metzger und Viehhändler in und um Rottweil züchteten diesen Hundeschlag nur auf Leistung und Verwendungszweck. Um die gewaltigen Viehherden zu treiben, brauchte man einen ruhigen, kräftigen, ausdauerden Hund. Sie schufen im Laufe der Zeit einen hervorragenden Kampf-, Hüte- und Treibhund, der auch ohne weiteres als Zughund Verwendung fand. Der Rottweiler wurde durch seine Leistungen und seinen besonderen Charakter immer bekannter und fand bald eine große Anhängerschaft.

Aber wie so oft, haben auch in diesem Fall wirtschaftliche Wandlungen den Hund seiner Aufgaben entledigt. Die Viehherden wurden immer mehr mit der neu aufkommenden Eisenbahn transportiert, und das Treiben von Vieh mit Hetzhunden wurde gesetzlich verboten. Das Verbreitungsgebiet des „Rottweiler Metzgerhundes" wurde zusehends kleiner, doch vergessen konnte man ihn – dank seiner bisherigen Leistungen – nicht.

Als man zu Beginn des 20. Jahrhunderts spezielle Hunderassen zur Ausbildung für den Polizeidienst suchte, erinnerte man sich an den Rottweiler, dessen Charakter durch die nur auf den Einsatz ausgerichtete Zucht hervorragend war. Namhafte Kynologen der damaligen Zeit erprobten den Rottweiler für den Polizeidienst und stellten den hohen Gebrauchswert dieser Hunderasse fest. Er war von einzigartiger Treue, ausdauernd, fleißig, mutig und leicht führig.

Im Jahr 1910 wurde der Rottweiler wegen seiner Eignung vom Ersten Deutschen Polizeihundeverein als Polizeihunderasse offiziell anerkannt. Ab 1907 wurde die Rasse von mehreren neu gegründeten Rottweiler-Klubs betreut. Dies war aber für die Rasse nicht nur von Vorteil, manche persönliche Meinungsverschiedenheit zwischen den einzelnen Vereinsfunktionären wurde auf Kosten der Einheitlichkeit der Rasse ausgetragen. Erst im August 1921 wurde nach langen Verhandlungen eine Einigung erzielt, und es kam zur Gründung des Allgemeinen Deutschen Rottweiler-Klubs. Dank der nun einheitlichen, nach kynologisch abgesicherten Gesichtspunkten vorgenommenen Zucht gewann die Rasse zunehmend an Beliebtheit und fand in ganz Europa, aber auch in Süd- und Nordamerika sowie Australien Freunde.

Heutiger Verwendungszweck

Für den Rottweiler gibt es derzeit vielfältige Verwendungsmöglichkeiten. Die strenge Zuchtselektion auf Schönheit und insbesondere Leistung hat bewirkt, daß immer mehr

13

Rottweiler als Familienhunde für Freizeit und Hundesport gehalten werden. In letzter Zeit arbeiten viele Rottweilerbesitzer mit ihren Hunden für den Breitensport (hauptsächlich im Wirkungsbereich des Verbandes für das Deutsche Hundewesen e. V.) bzw. europaweit für Agility. Diese Sportarten sind Disziplinen, in denen die Rottweiler und ihre Hundeführer verschiedene Hindernisse und Parcours überwinden mit der Absicht, die Aufmerksamkeit, die Führigkeit der Hunde und ihre Gewandtheit zu erproben und im sportlichen Wettkampf zu messen. Es handelt sich um erzieherische und sportliche Spiele, die die harmonische Integration in die moderne menschliche Gesellschaft begünstigen und fördern. Diese Sportarten setzen eine exzellente Harmonie zwischen dem Hund und seinem Hundeführer voraus.

Die erfolgreiche Ausbildung und der positive Einsatz von Rottweilern als Rettungs-, Katastrophen- oder Lawinenhunden konnte dank privater Initiativen einiger Rottweilerbesitzer ebenfalls eine starke Steigerung erfahren.

Gleichzeitig steigt die Anzahl der Rottweiler, die als Diensthunde bei staatlichen Behörden und Armee Verwendung finden. Der Rottweiler eignet sich auch für den „Privathundeführer" zur Ausbildung, ähnlich wie im „Staatsdienst", zum Begleit-, Fährten- und Schutzhund. Nur sollte

dies tunlichst unter fachkundiger kompetenter Anleitung und Aufsicht auf Hundeabrichteplätzen durchgeführt werden. Auf jeden Fall bewährt sich der Rottweiler bestens als unbestechlicher Wächter, Beschützer von Gut und Leben und verläßlicher treuer Kamerad für alle Lebensbereiche in der Familie.

Wesenseigenschaften

Unser Rottweiler ist als Abkömmling von Jagdhunden der Molosser ein wesensfester, ruhiger und gelassener Hund, den Kleinigkeiten nicht aus der Ruhe bringen können. Trotzdem ist er immer wachsam und aufmerksam, wenn es darum geht, die Familie und ihm Anvertrautes wie andere kleine Hunde, Katzen und ähnliches zu beschützen und zu verteidigen. Da wird aus dem so phlegmatisch dreinblickenden Hund ein bellendes Temperamentbündel, das sich nichts gefallen läßt.

Dank seiner raschen Auffassungsgabe ist er zu Handlungen fähig, die man sonst nur im Reich erfundener Filmtier-Storys findet. Folgende wahre Geschichte belegt das:

Ein Diensthundeführer, in seiner Freizeit begeisterter Bergsteiger und Höhlenforscher, nimmt seinen Diensthund Cora auf seine Touren ins Hochgebirge mit. Eines Tages will er in eine Höhle im Hochgebirge einsteigen.

Dollo v. Hartmannshofen, ein Vorbild für den Rüdentyp um 1934

Vor dem Höhleneingang legt er Cora ab, die auch geduldig einige Stunden wartet. Aber als ihr Herr nicht zurückkommt, folgt sie ihm in die Höhle und findet ihn bewegungsunfähig eingeklemmt im eingestürzten Höhleneingang. Sie schleckt ihm das Gesicht ab, und als sie bemerkt, daß er trotz heftiger Aufforderung ihr nicht folgt, macht sie auf seine Worte „Geh, lauf und hol den Max!" kehrt und läuft eine gute Stunde ins Tal zum Gehöft des Genannten. Dort springt sie wie irr herum und bellt, was sie sonst nie tut, bis die Leute darauf aufmerksam werden, daß der Hund ja allein ist und sich eigenartig benimmt. Cora zeigt deutlich an, daß sie wieder weglaufen will. Die Leute folgen ihr, und sie führt sie zu der Höhle und zu ihrem eingeschlossenen Herrn. Klingt sehr kitschig, ist aber wahr!

Natürlich haben auch Rottweiler eine unterschiedlich rasche Auffassungsgabe. Es kommt schon vor, daß ein Hund langsamer lernt als andere, daß einer zu verspielt ist und alles

15

nicht sehr ernst nimmt, doch mit Einfühlungsvermögen und Geduld sind auch diese Fälle zum Lernerfolg zu bringen. Viel Einfühlungsvermögen braucht unser Rottweiler überhaupt. Als deutlich auf seinen Herrn geprägter Hund verträgt er es nicht, hin und her geschoben zu werden. Wenn er aber weiß, wo er hingehört, setzt er sich bedingungslos für seinen Herrn ein. Auf Schreien und herrschsüchtiges Gehabe des Hundeführers oder der Familienmitglieder reagiert er mit

Trotz und Sturheit. Kindern gegenüber verhält er sich freundlich, duldet es aber nicht, gepeinigt zu werden. Dank seiner Bewegungs- und Arbeitsfreudigkeit müssen wir uns mit unserem Rottweiler viel beschäftigen, viel spazierengehen, aber auch viel arbeiten. Unter Arbeiten sind kleine Übungen zu verstehen, die unsere Position als „Rudelführer" gegenüber dem Hund immer wieder festigen und klären. Mehr darüber im Kapitel über Erziehung.

Der Rassestandard

Der Standard des Rottweilers, hinterlegt bei der Fédération Cynologique Internationale (FCI), trägt die Nummer 147. Die Rottweilerzucht erstrebt einen kraftstrotzenden Hund, der bei wuchtiger Gesamterscheinung den Adel nicht vermissen läßt und sich als Begleit-, Schutz- und Gebrauchshund in besonderem Maße eignet.

Allgemeines Erscheinungsbild des Hundes

Der Rottweiler ist ein mittelgroßer bis großer, stämmiger Hund, weder plump noch leicht, nicht hochläufig oder windig. Seine im richtigen Verhältnis stehende, gedrungene und kräftige Gestalt läßt auf große Kraft. Wendigkeit und Ausdauer schließen.

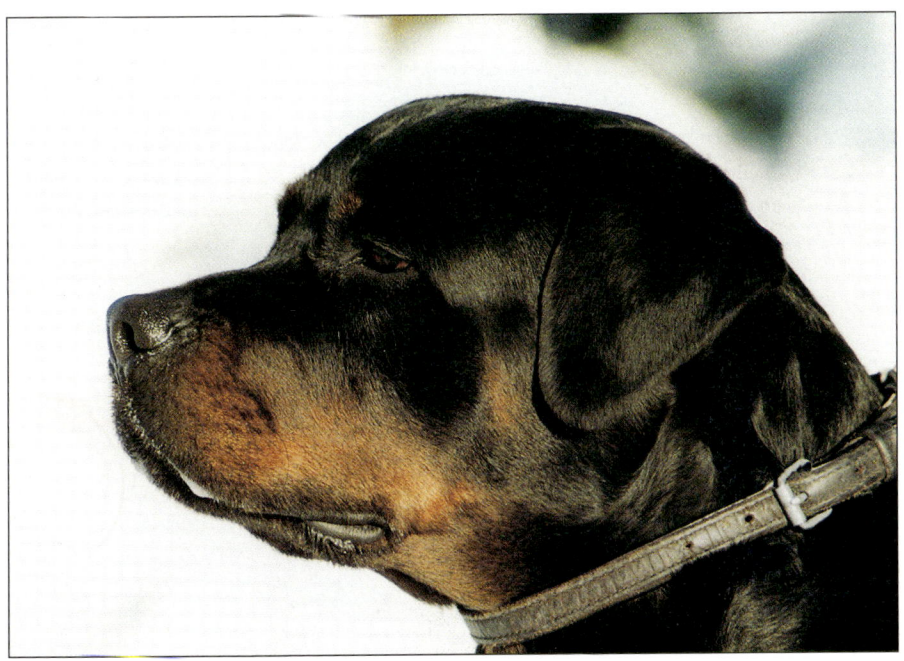

Kopfstudie

Wichtige Maßverhältnisse (Proportionen)

Das Maß der Rumpflänge, gemessen vom Brustbein bis zum Sitzbeinhöcker, sollte dasjenige der Widerristhöhe höchstens um 15 % überschreiten.

Verhalten und Charakter

Von freundlicher und friedlicher Grundstimmung, kinderliebend, ist er sehr anhänglich, gehorsam, führig und arbeitsfreudig. Seine Erscheinung verrät Urwüchsigkeit; sein Verhalten ist selbstsicher, nervenfest und unerschrocken. Er reagiert mit hoher Aufmerksamkeit gegenüber seiner Umwelt.

Kopf

Oberkopf: Mittellang, der Schädel zwischen den Ohren breit, in der Stirnlinie, seitlich gesehen, mäßig gewölbt. Hinterhauptstachel gut entwickelt, ohne stark hervorzutreten.
Stop: Stirnabsatz ausgeprägt.

Gesichtsschädel

Nase: Nasenrücken gerade, mit breitem Ansatz und mäßiger Verjüngung, Nasenkuppe gut ausgebildet, eher breit als rund, mit verhältnismäßig großen Öffnungen, stets von schwarzer Farbe.
Schnauze: Der Fang sollte im Verhältnis zum Oberkopf weder gestreckt noch verkürzt wirken.
Lefzen: Schwarz, fest anliegend, Lefzenwinkel geschlossen, Zahnleiste möglichst dunkel.
Kiefer: Kräftiger, breiter Ober- und Unterkiefer.
Backen: Jochbogen ausgeprägt.
Gebiß: Stark und vollständig (42 Zähne), die oberen Schneidezähne grei-

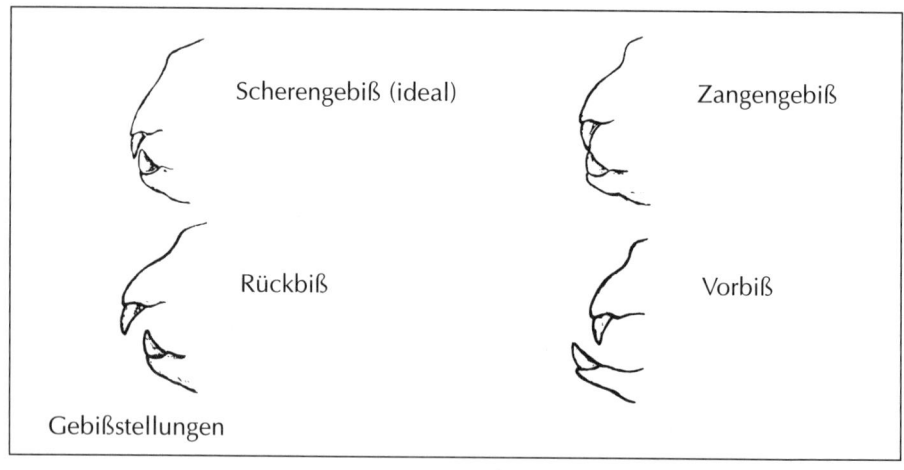

Scherengebiß (ideal)

Zangengebiß

Rückbiß

Vorbiß

Gebißstellungen

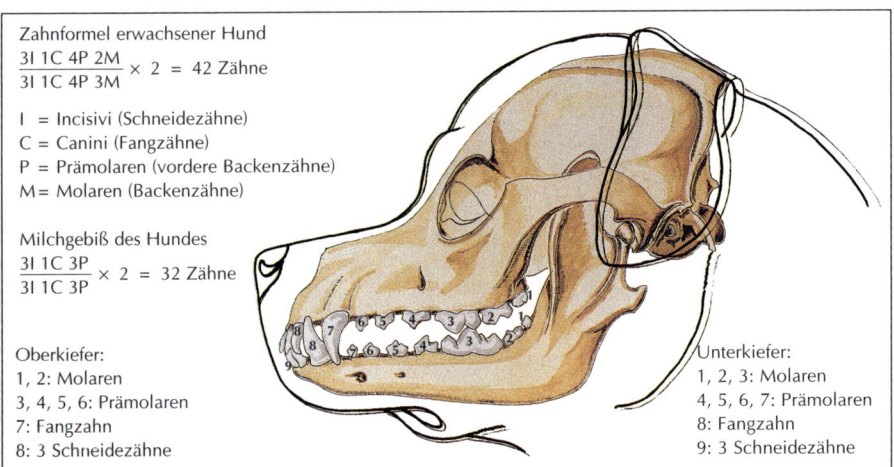

1	Schädel
2	Halspartie
3	Widerrist
4	Rücken
5	Kruppe
6	Rutenansatz
7	Rippen
8	Schulterblatt
9	Oberarm
10	Unterarm
11	Vordermittelfuß
12	Zehen
13	Becken, Hüftbein
14	Oberschenkel
15	Kniescheibe
16	Unterschenkel
17	Hintermittelfuß
18	Pfote
19	Ellbogengelenk
20	Fersenbein
21	Penisknochen

Vorderhand C — Mittelhand D — Hinterhand E

Widerristhöhe A

B
Länge des Hundes

Skelett des heutigen Rottweilers

Zahnformel erwachsener Hund

$$\frac{3I\ 1C\ 4P\ 2M}{3I\ 1C\ 4P\ 3M} \times 2 = 42\ \text{Zähne}$$

I = Incisivi (Schneidezähne)
C = Canini (Fangzähne)
P = Prämolaren (vordere Backenzähne)
M = Molaren (Backenzähne)

Milchgebiß des Hundes

$$\frac{3I\ 1C\ 3P}{3I\ 1C\ 3P} \times 2 = 32\ \text{Zähne}$$

Oberkiefer:
1, 2: Molaren
3, 4, 5, 6: Prämolaren
7: Fangzahn
8: 3 Schneidezähne

Unterkiefer:
1, 2, 3: Molaren
4, 5, 6, 7: Prämolaren
8: Fangzahn
9: 3 Schneidezähne

Das typische Rottweilerkopf-Skelett

fen scherenartig über die des Unterkiefers.

Augen: Mittelgroß, mandelförmig, von tiefbrauner Farbe; Lider gut anliegend.

Ohren: Mittelgroß, hängend, dreieckig, weit voneinanderstehend, hoch angesetzt. Der Oberkopf erscheint bei nach vorn gelegten, gut anliegenden Ohren verbreitert.

Hals

Kräftig, mäßig lang, gut bemuskelt, mit leicht gewölbter Nackenlinie, trocken, ohne Wamme oder lose Kehlhaut.

Rumpf

Rücken: Gerade, kräftig, stramm. Lendenpartie kurz, kräftig und tief.

Kruppe: Breit, von mittlerer Länge in leichter Rundung verlaufend, weder gerade noch stark abfallend.

Brust: Geräumig, breit und tief (ca. 50 % der Widerristhöhe), mit gut entwickelter Vorbrust und gut gewölbten Rippen.

Bauch: Flanken nicht aufgezogen.

Rute: Kurz kupiert, wobei ein oder zwei Rutenwirbel sichtbar erhalten bleiben.

Vorderhand

Die Vorderläufe sind von vorn gesehen gerade und nicht eng gestellt. Die Unterschenkel stehen, seitlich gesehen, gerade. Die Neigung des Schulterblattes zur Waagerechten beträgt etwa 45 Grad.

Schultern: Gut gelagert.

Rüde im Stand

Oberarm: Gut am Rumpf anliegend.
Unterarm: Kräftig entwickelt und bemuskelt.
Vordermittelfuß: Leicht federnd, kräftig, nicht steil.
Pfoten: Rund, gut geschlossen und gewölbt, Sohlen hart, Krallen kurz, schwarz und stark.

Hinterhand

Von hinten gesehen sind die Hinterläufe gerade, nicht eng gestellt. Im zwanglosen Stand bilden Oberschenkel zum Hüftbein, Oberschenkel zum Unterschenkel und Unterschenkel zum Mittelfuß einen stumpfen Winkel.
Oberschenkel: Mäßig lang, breit und stark bemuskelt.
Unterschenkel: Lang, kräftig und breit bemuskelt, sehnig in ein kraftvolles Sprunggelenk übergehend, gut gewinkelt, nicht steil.
Pfoten: Etwas länger als die Vorderpfoten, ebenso gut geschlossen, gewölbt, mit starken Zehen, ohne Afterkrallen.

Gangwerk

Der Rottweiler ist ein Traber. Der Rücken bleibt fest und relativ ruhig. Der Ablauf der Bewegung ist harmonisch, sicher, kraftvoll und ungehemmt, bei guter Schrittweite.

Haut

Kopfhaut: Liegt überall straff an und darf bei hoher Aufmerksamkeit leichte Stirnfalten bilden.

Haarkleid

Beschaffenheit des Haares: Bestehend aus Deckhaar und Unterwolle. Deckhaar = Stockhaar, mittellang, derb, dicht und straff anliegend, die Unterwolle soll nicht aus dem Deckhaar hervortreten. An den Hinterläufen ist die Behaarung etwas länger.
Farbe: Schwarz mit gut abgegrenzten Abzeichen (Brand) von satter, rotbrauner Färbung an Backen, Fang, Halsunterseite, Brust und Läufen sowie über den Augen und unter der Rutenwurzel.

Größe und Gewicht

Rüden:
Widerristhöhe 61 bis 68 cm.
61 bis 62 cm klein
63 bis 64 cm mittelgroß
65 bis 66 cm groß = richtige Höhe
67 bis 68 cm sehr groß
Gewicht ca. 50 kg
Hündinnen:
Widerristhöhe
56 bis 63 cm
56 bis 57 cm klein
58 bis 59 cm mittelgroß
60 bis 61 cm groß = richtige Höhe
62 bis 63 cm sehr groß
Gewicht ca. 42 kg

Fehler

Gesamtbild: Leichte, windige, hochläufige Gesamterscheinung, schwache Knochen und Muskeln.
Kopf: Jagdhundkopf; schmaler, leichter, zu kurzer, langer, plumper Kopf,

flache Stirnpartie (fehlender oder zu geringer Stop).

Schnauze: Langer oder spitzer Fang; Rams- oder Spaltnase, eingesunkener oder abfallender Nasenrücken, helle oder gefleckte Nasenkuppe.

Lefzen: Offene, rosafarbene oder fleckige Lefzen, offener Lefzenwinkel.

Kiefer: Schmaler Unterkiefer.

Backen: Stark hervortretende Backen.

Gebiß: Zangengebiß.

Ohren: Zu tief angesetzte, schwere, lange, schlappe, zurückgeklappte sowie abstehende und ungleichmäßig getragene Ohren.

Augen: Helle, offene, tiefliegende, zu volle sowie runde Augen.

Hals: Zu langer, dünner, schwach bemuskelter Hals, Wamme oder zu lose Kehlhaut.

Körper: Zu lang, zu kurz, schmal.

Brust: Flachgerippter Brustkorb, tonnenförmige Brust, Schnürbrust.

Rücken: Zu langer, schwacher oder eingesenkter Rücken, Karpfenrücken.

Kruppe: Abschüssige Kruppe, zu kurz, zu gerade oder zu lang.

Rute: Zu hoch oder zu tief angesetzte Rute.

Vordergliedmaßen: Eng gestellte oder nicht gerade Vorderläufe. Steile Schulter, fehlender oder mangelnder Ellbogenanschluß, zu langer, zu kurzer oder steiler Oberarm, weicher oder steiler Vordermittelfuß, Spreiz-

pfoten, zu flache oder zu stark gewölbte Zehen, verkümmerte Zehen, helle Nägel.

Hintergliedmaßen: Flachschenkelige, hackenenge, kuhhessige oder faßbeinige Läufe, zu eng oder zu weit gewinkelte Gelenke, Afterkrallen.

Haut: Kopfhaut faltig.

Haarbeschaffenheit: Weiches, zu kurzes oder langes Haar, Wellhaar, Fehlen der Unterwolle.

Farbe: Mißfarbene, unklar abgegrenzte und zu ausgedehnte Abzeichen.

Disqualifizierende Fehler

Allgemeines: Betonte Umkehrung des Geschlechtsgepräges (Hündinnentyp bei Rüden und umgekehrt).

Verhalten: Ängstliche, scheue, feige, schußscheue, bösartige, übertrieben mißtrauische, nervöse Tiere.

Augen: Entropium, Ektropium, gelbe Augen, verschiedenfarbige Augen.

Gebiß: Vorbeißer, Unterbeißer, Hunde mit fehlenden Prämolaren oder Molaren.

Hoden: Einhodige oder hodenlose Rüden. Beide Hoden müssen, gut entwickelt, sich deutlich sichtbar im Hodensack befinden.

Haarbeschaffenheit: Ausgesprochen lang- und wellhaarige Tiere.

Haarfarbe: Hunde, die nicht dem Rottweiler entsprechend schwarz mit braunen Abzeichen sind, weiße Flecken.

Wir möchten einen Rottweiler erwerben

Der Kauf eines Welpen

Gut vorbereitet, mit dem Wissen über den Standard ausgerüstet, wollen wir nun einen Welpen erstehen, natürlich nur beim Züchter. Die Züchteradressen haben wir schon Wochen vorher beim Rottweilerklub (Klubanschriften stehen am Schluß des Buches) erfragt. Wir studieren die Ahnentafeln der Elterntiere, prüfen genau die Stammbäume, die von einem der FCI angeschlossenen Klub ausgestellt sein müssen. Wir informieren uns über die Ausstellungs- und Prüfungserfolge der Elterntiere unseres Welpen und wissen auch über deren Grad der Hüftgelenksdysplasie (HD) Bescheid. In einigen Ländern ist die Zucht mit HD-kranken Hunden verboten, in anderen hingegen erlaubt, wenn ein Elternteil keine und ein Elternteil leichte Hüftgelenksdysplasie hat. Im Kapitel „Gesundheit" wird die Krankheit beschrieben.

Nach intensiven Kontaktgesprächen mit dem Züchter schauen wir uns das Muttertier an. Natürlich nicht in der Wurfkiste, sondern auf neutralem Boden. Schon aus dem Benehmen der „Alten" können wir

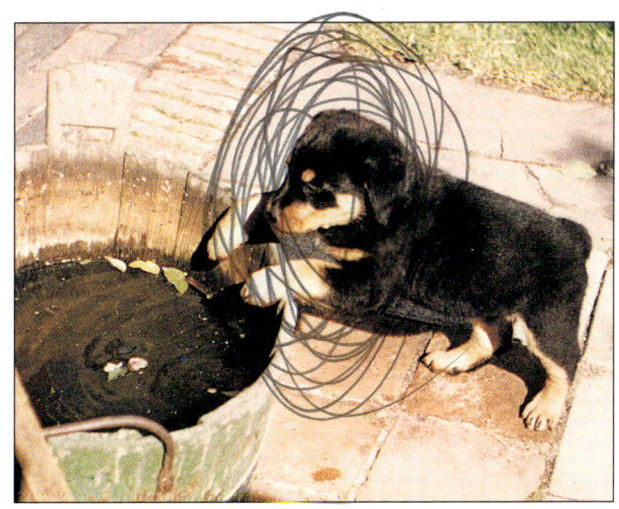

Neugierig und verspielt – so sind gesunde Welpen

Rückschlüsse auf unseren künftigen Rottweiler ziehen. Wie nähert sich uns die Hündin? Ängstlich, aggressiv – oder neutral: uns rundherum beschnuppernd, um dann mit einem wachsamen Auge auf uns wieder auf ihren Platz zurückzukehren. Daß wir Welpen einer sich neutral verhaltenden Hündin denen der unmotiviert aggressiven oder ängstlichen vorziehen, liegt wohl auf der Hand. Wenn die Möglichkeit besteht, sollten wir uns auch den Deckrüden anschauen. Eine Gelegenheit dafür bieten Hundeausstellungen oder Körungen.

Rüde oder Hündin?

Heftige Familiendiskussionen löst oft die Frage aus: Soll nun ein Rüde oder eine Hündin bei uns Einzug halten? Hier einen Rat zu geben, ist nicht einfach, hängt es doch von den Umständen und auch dem persönlichen Geschmack ab, wie man sich entscheidet. Die Hündin ist in der Regel haustreuer, sie muß allerdings in der Zeit der Läufigkeit, die ungefähr 20 Tage dauert und alle sechs bis neun Monate eintritt, unter strenger Kontrolle gehalten werden. Das Spazierengehen in dieser Zeit ist weder in der Stadt noch auf dem Lande kompliziert, wenn die Hündin an der Leine geführt wird. Um das Beschmutzen von Teppichen zu vermeiden, sollte man schon bei der ersten Läufigkeit darüber wachen, daß die klei-

ne Hündin sich das im Handel erhältliche „Hoserl" nicht abstreift. Chlorophyll-Tabletten und Spray helfen, den „Duft" der Hündin abzuschwächen, so daß die Belästigung durch Rüden nicht so groß ist.

Fällt die Wahl auf einen Rüden, so muß man sich im klaren sein, daß dieser größer, mächtiger und auch etwas ungestümer ist als die Hündin. Rüden sind bei der Erziehung meistens unkonzentrierter und starrsinniger. Auf Spaziergängen gilt ihr Hauptinteresse den „Duftmarken" anderer Hunde, und sie neigen, besonders wenn Hündinnen in der Nachbarschaft läufig sind, zum Streunen.

Wie alt soll der Welpe sein?

In der achten bis zehnten Woche nach der Geburt der Rottweilerwelpen ist es soweit. Wir stehen vor der Wurfkiste und betrachten hin und her gerissen die Welpen. Aber gerade jetzt ist es angebracht, nüchtern und sachlich zu bleiben. Halten wir uns vor Augen, daß wir unseren Gefährten für die nächsten zehn bis zwölf Jahre auswählen. Nur ein kräftiger und gesunder Welpe wird annähernd die in ihn gesetzten Erwartungen erfüllen können. Es ist wohl selbstverständlich, daß das Welpenlager sauber, trocken und frei von üblem Geruch ist. Auch die Mutterhündin soll einen guten, wohlgenährten Eindruck machen. Wohl wird das Fell nicht immer sehr glänzen, aber die Hündin muß sauber geputzt und gepflegt aussehen.

In der achten bis zehnten Woche sind die Rottweilerwelpen schon stramme Kerlchen, das Gewicht wird zwischen 8 und 10 kg liegen! Recht quirlig und unternehmungslustig stürzen sie sich auf alles, was sich bewegt. Schnürriemen und herabhängende Schals sind besonders interessant! Ein leichtes Händeklatschen oder Rasseln mit dem Schlüsselbund wird als animierend empfunden. Sitzt ein Welpe abseits in der Kiste oder gebärdet sich ängstlich und verschreckt beim Hochnehmen, so kann die Ursache im Wesen selbst oder im mangelnden Kontakt zum Menschen liegen. Die Prägungsphase des Hundes erstreckt sich von der vierten bis zur siebten Woche. Sie wird in der achten Woche von der Sozialisierungsphase abgelöst. Werden in der Prägungsphase schwerwiegende Versäumnisse begangen, kann das Ergebnis sein, daß eine belastbare Gemeinschaft zwischen dem neuen „Artgenossen" Mensch und dem betroffenen Hund nicht mehr zustande kommt.

Der Welpe soll früh Erfahrungen mit mehreren Personen haben, ab der achten Woche „muß" er sie haben. Bleibt der Welpe bis zu seiner zwölften Woche nur auf eine Person geprägt, so wird er nach diesem Zeitpunkt nur schwer sein Menschbild

auf weitere Personen erweitern können. Falls es dem Züchter möglich ist, wäre es deshalb wünschenswert, wenn wir uns schon ab der dritten Woche regelmäßig mit den Welpen „unseres Wurfes" beschäftigen, mit ihnen spielen und sie streicheln könnten.

Die Auswahl

Wir greifen also nach dem Hund, der sich uns freudig, vertrauensvoll und neugierig nähert, und betrachten ihn genauer. Da die Frage Rüde oder Hündin schon vorher abgesprochen ist, widmen wir uns nun dem Aussehen des Welpen. Das Fell ist dicht und flauschig und wird nur in den seltensten Fällen schon glatt und hart sein. Keinesfalls darf es aber lockig und gewellt sein. Die Abzeichen sind klar erkennbar. Ideal ist es, wenn sie rotbraun sind. Ein grober Fehler sind weiße Abzeichen und Einfärbungen. Die Läufe sollen gerade und kräftig sein, die Gelenke der Vorderläufe stark ausgeprägt, aber nicht geschwollen. Der Kleine soll sich gerade aufrichten können und sich nicht ununterbrochen niedersetzen müssen, denn das läßt den Verdacht auf eine angeborene Schwäche der Hinterhand zu. Wir heben den Welpen hoch, indem wir mit einer Hand von hinten unter die Oberschenkel greifen und mit der anderen unter die Vorderpfoten; nie an den Vorderpfoten hochziehen! Das schädigt Bänder und Gelenke. Auch nicht am Nacken, das ist der Muttergriff, und der Welpe fühlt sich gerügt.

Wenn er bei uns sitzt, schauen wir dem kleinen Rottweiler ins Auge: der Lidrand soll trocken sein. Feuchter Lidrand könnte bei einem Entropium oder Rollid auftreten, das ist die Einwärtsstülpung der Augenlider, wodurch die Wimpern nach innen gerichtet sind und so ständig den Augapfel reizen, was zu Tränenfluß führt. Der weit herunterhängende Lidrand, das Ektropium, ist ebenfalls unerwünscht: Zwar ist es nicht so schmerzhaft wie das Entropium, doch führt es häufig zu Augenerkrankungen. Die Augenfarbe ist in diesem Alter eher bläulich. Die endgültige Farbe erhält die Iris erst im Alter von vier bis fünf Monaten.

Nun heben wir vorsichtig die Lefzen hoch, die Zahnleiste soll dunkel und die 28 Zähne des Milchgebisses sollen weiß sein. Schon der Welpe soll die später erwartete Stellung der Zähne aufweisen, nämlich daß die Schneidezähne des Oberkiefers scherenartig über denen des Unterkiefers schließen (s. S. 18).

Ein leichtes Zangengebiß, die Schneidezähne des Oberkiefers stehen auf den Schneidezähnen des Unterkiefers wie eine Beißzange, kann sich noch zu einem vom Standard vorgeschriebenen Scherengebiß ausformen. Ein Vorbiß ist beim Rottweiler ein schwerer Fehler, ebenso wie der Rückbiß, wobei besonders beim Rückbiß die Gefahr besteht, daß nach dem Zahnwechsel die Canini, Fang- oder Hakenzähne des Unterkiefers, sich in die Gaumenplatte des Oberkiefers bohren. In diesem Stadium hilft nur noch die Extraktion!

Wir kontrollieren, ob der Bauch fest und rund, aber nicht aufgetrieben ist, was auf Wurmbefall oder auf einen Nabelbruch hindeuten könnte. Bei Rüden könnten wir vorsichtig die beiden Hoden ertasten. Die kupierte Rute muß gut verheilt und an den Hinterläufen die fünfte Zehe, die sogenannte Wolfs- oder Afterkralle, entfernt sein.

Meiner Erfahrung nach ist es auch günstig, die fünfte Zehe an den Vorderläufen entfernen zu lassen, da diese bei der Abrichtung oder beim Spiel sehr leicht verletzt wird. Doch müßte das schon beim Züchter vorweg beantragt werden, weil diese Operation am zweiten Lebenstag ausgeführt wird.

Nachdem wir nun einen kleinen, gesunden, quicklebendigen Rottweiler ausgesucht haben, bekommen wir vom Züchter einen Kaufvertrag und den Internationalen Impfpaß ausgehändigt. Die Ahnentafel wird vom zuständigen Zuchtbuchamt des Allgemeinen Deutschen Rottweiler-Klubs (ADRK) oder des nationalen Rottweilerklubs etwas später nachgesandt.

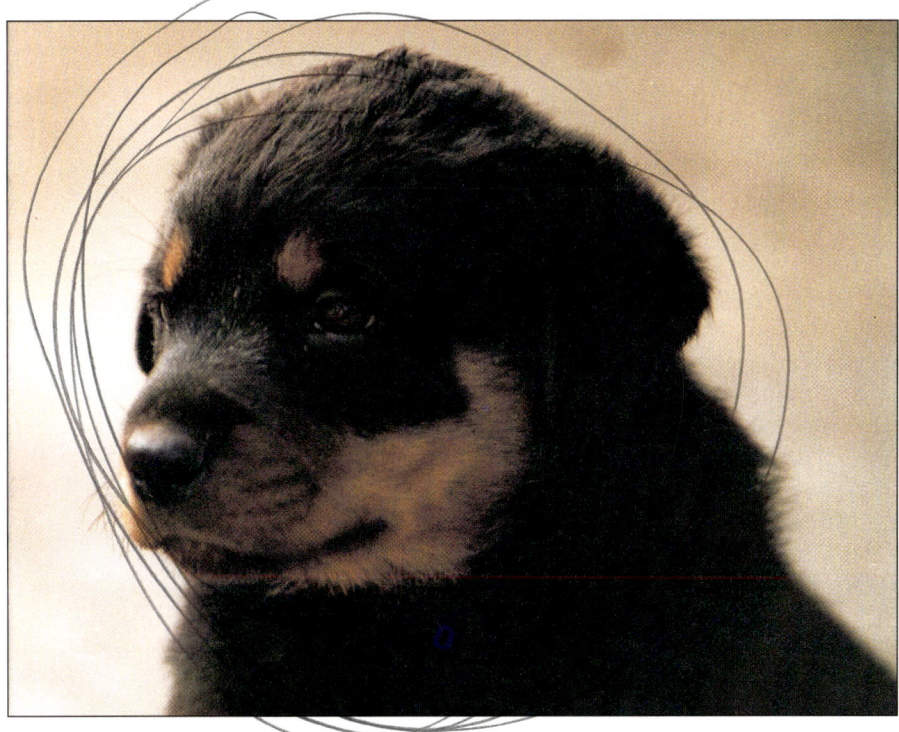

Noch ein wenig zaghaft

Heimweg mit dem Welpen

Wir legen dem kleinen Hund ein mit-
gebrachtes Lederhalsband mit Leine
um und führen oder tragen ihn behutsam zum Auto. Der Welpe sollte
vorher nicht gefüttert worden sein, da
er sich sonst im Wagen sehr wahrscheinlich erbrechen würde.

Der Platz für ihn ist auf dem
Schoß oder zu Füßen des Beifahrers,
der beruhigend auf ihn einsprechen
kann. Um nicht schon auf der ersten
Fahrt den Grundstein für eine etwai-
ge Angst des Hundes vor dem Autofahren zu legen, ist eine ruhige Fahr-
weise selbstverständlich. Stündlich ist
eine Rast einzulegen und der Welpe
an einen geeigneten Platz zu führen,
wo er sich lösen kann.

Wir lassen ihn unter keinen Umständen von der Leine, denn sowohl
wir als auch die neue Umgebung
können ihn verschreckt haben, und
er würde möglicherweise ins nächste
Auto laufen.

27

Eingewöhnung, Verständigung und Erziehung

Der erste Tag im neuen Heim

Zu Hause angekommen, zeigen wir dem Welpen den Platz, der in Zukunft sein Lager und seine Schlafstätte sein wird. Praktisch ist für die ersten Monate ein gebrauchter Hundekorb – der Junghund wird bestimmt daran nagen, und es wäre schade um einen neuen – oder eine glatt gehobelte, entsprechend große Holzkiste. Als Liegefläche eignet sich eine 10 cm dicke Schaumgummimatte mit einem leicht waschbaren Überzug. Sehr gern verwendet man das sogenannte Vet-Bett, das sich kuschelig und immer trocken anfühlt und in der Waschmaschine gewaschen werden kann.

Wir bereiten dem Welpen sein gewohntes Futter, den Speiseplan haben wir ja vom Züchter mitbekommen. Durch die große Aufregung wegen des Umgebungswechsels kann es unter Umständen zu leichtem Durchfall kommen. Um dem vorzubeugen, mischt man einige Löffel grobe Weizenkleie und etwas rohen, geschabten Apfel unter das Futter, und statt Wasser gibt man lauwarmen, ungezuckerten schwarzen Tee.

Wir achten immer darauf, daß unsere Hunde ihr Futter nicht direkt aus dem Kühlschrank, sondern angewärmt bekommen, so beugt man am sichersten Magen- und Darmbeschwerden vor. Sollte es aber dennoch zu Durchfällen kommen: sofort zum Tierarzt, da der Laie gerade in diesem Alter sehr schwer eine leichte Unpäßlichkeit von einer massiven Infektion unterscheiden kann. Lieber einmal zuviel zum Tierarzt als einmal zuwenig!

Zwingerhaltung – ja oder nein?

Man wird oft gefragt, ob der Rottweiler nicht besser im Zwinger als in der Wohnung gehalten werden soll. Grundsätzlich ist zu sagen, daß man einen Rottweiler ohne weiteres in der Wohnung halten kann, bei mehreren wird es problematischer. Recht praktisch ist es, wenn man einen Raum als „Hundezimmer" erklärt. Ausgestattet wird es mit pflegeleichtem Fußboden, damit auch ein kleines Malheur leicht beseitigt werden kann.

In dem Zimmer muß man auch mit dem kleinen Rottweiler ungestüm spielen können, ohne Schaden an Möbeln oder Teppichen anzurichten. Ideal ist natürlich eine kombinierte Wohnungs- und Zwingerhal-

Ist das auch etwas zum Spielen?

tung. Keinesfalls stecke man jedoch den Welpen den ganzen Tag lang in den Zwinger. In seiner Sozialisierungsphase braucht er uns, um zu lernen. Je mehr er uns hat, um so besser für ihn. Wenn wir dies beachten, können wir getrost einen Zwinger anlegen oder auch ein Stück unseres Gartens abzäunen.

Eine Zwingeranlage muß (entsprechend des Tierschutzgesetzes) mindestens sechs Quadratmeter groß sein, dem Hund mindestens zu einer Seite hin freie Sicht gewähren, ihm im Sommer einen schattigen Platz bieten und natürlich sauber, trocken und ungezieferfrei sein. Die Hundehütte muß aus wärmedämmendem, gesundheitsunschädlichem Material hergestellt sein und sollte mit Holzwolle oder Stroh ausgelegt werden, welches wir regelmäßig wechseln. Die Hütte stellen wir auf Hohlziegel, so daß sie gegen die Kälte des Bodens isoliert ist. Im Sommer die Wasserschüssel nicht vergessen! Den erwachsenen Rottweiler können wir dann auch ohne weiteres längere Zeit im Zwinger lassen, wenn wir beispielsweise Besorgungen machen. Wir wissen: Er kann nichts anstellen und kommt auch nicht in Gewissenskonflikte, wenn er sich lösen muß. Ein Zwinger bewährt sich auch, wenn wir nach einem ausgedehnten Spaziergang mit einem nassen und verschmutzten Rottweiler heimkommen. Wir frottieren ihn dann gut ab und geben ihn zum „Auftrocknen" in den Zwinger. Auf alle Fälle sollten wir uns bemühen, soviel Zeit wie nur möglich mit unserem Gefährten zu verbringen, damit er nicht – im Zwinger auf sich allein gestellt – „sozial" verkümmern muß.

Am Anfang steht das Lob

Am Beginn der Erziehung sollen Sie das Belohnen mit Stimme und Händen sowie mit Ihrem Gesichtsausdruck stark übertreiben, um dem Junghund die Unsicherheit zu nehmen. Wichtig erscheint auch, daß man sich eine eigene Sprache mit kurzen, prägnanten Worten, die aber immer gleichlautend sein müssen, angewöhnt. Der Tonfall der Stimme ist von sehr großer Bedeutung bei der Erziehung des Junghundes.

So sollte von Anfang an ruhig und in mittlerer Tonlage gesprochen werden. Wer ständig zu laut (militärisch) mit dem Hund spricht, wird nur erreichen, daß er in dringenden Fällen keinerlei Stimmreserven besitzt, um auf den ungehorsamen Hund einzuwirken, vor allem wenn er weit weg ist. Außerdem wird der Hund „harthörig".

Ich habe vorhin auch den Gesichtsausdruck des Menschen erwähnt, dazu möchte ich folgende kleine Geschichte erzählen. Ich hatte vor Jahren neben meinen Rottweilern auch eine sehr wesensstarke, überaus reaktionsstarke Dobermannhündin, mit der ich viele Prüfungen und Wettkämpfe erfolgreich bestanden habe. Sie machte allerdings stets einen großen Fehler bei der Gehorsamkeitsarbeit: Beim Hereinrufen und Vorsitzen kam die Hündin immer langsam zurück. Was hatte ich schon alles probiert – Futter geben, locken und vieles mehr. Es nützte nichts, sie kam exakt, unbeirrbar, aber langsam. Sie schaute mich immer mit ihren schönen, ausdrucksvollen Augen an, aber die Gangart wurde nicht schneller, sondern um so langsamer, je näher sie kam.

Einem Hundesportler, der bei der deutschen Bahnpolizei Diensthundeführer ist, fiel das auf, und wir sprachen lange über dieses Phänomen. Er gab mir den Rat, meinem Hund nicht so ernst entgegenzuschauen. Zweifelnd probierte ich diesen Ratschlag – und siehe da, er funktionierte. Ich habe in der Folgezeit, in der ich viele Hunde aufzog und ausbildete, stets

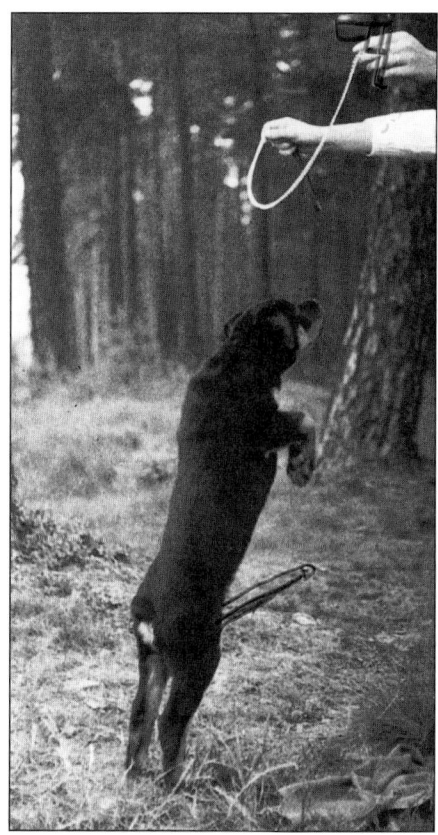

Der Sprung nach dem Seil

zweifelt. Ich spreche beim Loben meiner Hunde etwas höher als in der normalen Stimmlage, weich, fast singend und sehr gedehnt. Man kann sich nicht vorstellen, was für eine Leistungssteigerung vom Hund erbracht wird, wenn ein Hundeführer sich überwindet und seinen Hund mit liebelnder Stimme ein „Sooooo ist's braaaaaaav!" rechtzeitig als Lob zukommen läßt. Gibt es denn außer unserem vierbeinigen Kameraden noch ein anderes Lebewesen unter den Tieren, das sein ganzes „Ich" aufgibt, um nur das zu tun, was uns angenehm ist?

Ziele der Erziehung

In erster Linie soll sich der Welpe vollkommen in die Familie integrieren. Dazu ist es notwendig, daß man ihm langsam, behutsam, aber konsequent verständlich macht, was er tun darf und was nicht.

Die Erziehung sollte mit dem Tag, an dem der Welpe zu uns kommt, beginnen und langsam mit etwa zehn bis zwölf Monaten in die Abrichtungen übergehen. Der Rottweiler braucht Arbeit, seine Leistungsfähigkeit darf nicht brachliegen. Deshalb sollte man über den zuständigen Rottweilerklub oder über einen Spezialverein für Gebrauchshundabrichtung rechtzeitig Kontakte herstellen, um mit der Ausbildung im richtigen Alter beginnen zu können.

feststellen können, daß gerade in der Phase der Eingewöhnung und bei der Erziehung auch der Gesichtsausdruck des Hundeführers eine wichtige Rolle spielt.

Es ist mir auch vollkommen klar, daß ein „normaler" Mensch, der mich mit meinen Hunden sprechen hört, an meinem Geisteszustand

31

Die Methoden

Der Hund muß seinen festen Platz innerhalb der Familie, die für ihn sein Rudel darstellt, haben. Sollte der heranwachsende Junghund Ambitionen verspüren, seinen Platz zu verbessern, dann muß er – schon bei dem kleinsten Anzeichen von Aufbegehren gegen die Rangordnung in der Familie (Rudelhierarchie) – sofort wie in einem Hunderudel vom Rudelführer (wissenschaftlich das „Alpha-Tier") zurechtgewiesen werden. Erst wenn der Hund Demutsstellung einnimmt, die Halsgegend freilegt oder seine Bauchseite zeigt, ist die Einwirkung sofort abzubrechen und der Hund in Ruhe zu lassen. Der Hund muß die Überzeugung bekommen, daß ihm nichts geschieht, wenn er sich dem Rudelführer ergeben hat. Auch diese Art von Erziehung muß den kleinen Hund positiv für sein weiteres Leben prägen, um aus ihm einen wesensfesten, selbstbewußten, aber genau seine Rangordnung kennenden, verträglichen Rottweiler zu machen.

Sollten Sie hier Fehler begehen, dann kann es zur Folge haben, daß Sie sich sogar von dem Hund trennen müssen, denn dann ist der Hund der Rudelführer und Sie nur ein geduldeter Rudelgefährte, der ihm das Futter geben darf, aber sonst von ihm jederzeit zurechtgewiesen wird. Man muß aber zu solchen Gefahren bei der Erziehung und Aufzucht eines Rottweilers bemerken, daß sie eher selten auftreten und daß auch Hunde anderer Rassen auf entsprechende Fehler genauso reagieren.

Wenn man sich dem Hund verständlich machen möchte, muß man zu Beginn der Erziehung das Entwicklungsniveau voraussetzen, das einem Kleinkind von ein bis zwei Jahren entspricht. Das Kleinkind kann wohl optische und akustische Reize mit seinen Sinnesorganen aufnehmen und verarbeiten, aber die von uns gewünschten Reaktionen aufgrund seines noch begrenzten Erfahrungsschatzes nur teilweise richtig ausführen.

Wir können uns daher dem Hund nur durch kurze, prägnante Sinnesreize verständlich machen. Zur besseren Definition wollen wir sie als „Einwirkungen" bezeichnen. Wir werden daher immer die Einwirkungen mit den Händen, der Führleine, dem Halsband (direkte Einwirkung) und gleichzeitig mit der Stimme (indirekte Einwirkung) durchführen. Auf die unbedingt gleichzeitige Anwendung der direkten und indirekten Einwirkung bei der Erziehung ist großer Wert zu legen. Sobald der Rottweiler die gewünschte Handlung ausgeführt hat, muß auf jeden Fall blitzschnell die direkte Einwirkung mit Händen, Halsband oder Leine sowie die indirekte Einwirkung mit der Stimme aufhören und das intensive Belohnen mit Stimme oder Händen beginnen.

Tadel und Strafe

Durch den Tadel müssen wir dem Hund sofort unsere Unzufriedenheit verständlich machen können. Dies geschieht in der Regel so, daß er für Unarten, die er zeigt, mit einem scharfen „Aus!" zur Räson gebracht wird. Bei Handlungen, die sich niemals wiederholen dürfen, beispielsweise das Annagen von Teppichen, wird das Hörzeichen „Pfui!" sehr scharf gegeben.

Sollte dies nicht den gewünschten Erfolg bringen, so ist der Ruf mit einem kurzen Ruck am Halsband zu verbinden. Der Hund muß die Hörzeichen unterscheiden lernen: Wenn er beispielsweise eine verlangte Übung nicht richtig ausführt, kommt der Tadel in Form des Hörzeichens „Aus!" Wenn er aber bei derselben Übung ungehorsam ist, beispielsweise geht er beim „Hereinrufen" seitlich schnuppernd, mit deutlichem Interesse für etwas anderes über die Wiese, so kommt sofort die Strafe durch das scharf gesprochene Hörzeichen „Pfui!" Der Hund wird bei ständigem konsequentem Üben bald merken, daß das Hörzeichen „Aus!" die sofortige Unterlassung einer Handlung fordert.

Das Hörzeichen „Pfui!" ist bereits Strafe und soll wie ein starker Lei-nenruck wirken, um dem Hund verständlich zu machen, daß die beanstandete Handlung verboten ist. Daher ist es falsch, wenn man das Hörzeichen „Pfui!" auch als Tadel für eine fehlerhafte Übung verwendet. Derr Hund soll zwar die Übung ausführen und keine Fehler machen, aber er darf nicht in einen Gewissenskonflikt gestürzt werden. Denn für den Hund ergeben sich zwei Reaktionsmöglichkeiten: Er bezieht das „Pfui!" auf die ganze Übung und ist nicht mehr bereit, sie auszuführen, wodurch er überhaupt unsicher in seiner Leistungsbereitschaft wird, oder die gewünschte Wirkung des Hörzeichens „Pfui!" als Strafe geht allmählich verloren.

Zum Thema Strafe noch einen wesentlichen Gesichtspunkt: Man sollte sich vorher genau überlegen, wann, womit und wie gestraft wird. Denn schon ein einziger Leinenruck zum falschen Zeitpunkt kann die Arbeit von Stunden oder Tagen verderben.

Wann soll gestraft werden? Die klare Antwort: Sofort bei Begehung des Ungehorsams und nur auf „frischer Tat", keinesfalls später. Das folgende Beispiel mag verdeutlichen, warum das so wichtig ist: Sie gehen aus dem Zimmer und lassen Ihren jungen Hund ohne Aufsicht zurück, was dazu führt, daß er sich sofort mit den erreichbaren Gegenständen beschäftigt. In diesem Fall ist es Ihre

Den Blick fest auf den Herrn gerichtet

Wollweste, die auf einem Stuhl liegt. Daß sich das Kleidungsstück nicht zu seinem Vorteil verändert, läßt sich denken. Wenn Sie aber später zurückkommen, die zerrissene Weste finden und glauben, den Hund, der längst mit etwas anderem spielt, bestrafen zu müssen, dann würde er aus dieser Strafe folgenden Schluß ziehen: Es ist lustig, mit dem nach Herrchen oder Frauchen riechenden Gegenstand zu spielen, auch mit anderen Dingen – doch leider ist der Augenblick, in dem Herrchen oder Frauchen das Zimmer betreten, merkwürdigerweise mit schmerzhaften Begleiterscheinungen verbunden. Davor gilt es sich zu schützen. Der Hund wird sich folgerichtig verkriechen. Damit wäre der Anfang für die Entwicklung zum ängstlichen, unsicheren Hund gemacht.

Zweiter Punkt: Wie soll gestraft werden? Grundsätzlich kurz, schnell und dem Wesen des Hundes angepaßt. Eine unkorrekte Ausführung macht den Hund störrisch, Übungen müssen häufiger wiederholt werden. Die Intensität der Einwirkung hängt hauptsächlich vom Wesen des Hundes ab. Man wird daher bei einem weichen, sensiblen Hund weniger intensiv strafen, bei einem charakterlich robusten Hund kann die Strafe schon etwas härter ausfallen. Womit soll gestraft werden? Wenn Sie bei der Erziehung feststellen, daß Ihr Hund ungehorsam ist, dann versuchen Sie es sofort mit einer etwas drohenden Stimmlage. Oft genügt dies schon, um den Ungehorsam in seinen Ansätzen zu vereiteln. Wenn dies aber nichts nützt, dann schreien Sie nicht, sondern wirken Sie sofort direkt ein. Die besten Erfolge hat man mit einem richtig dosierten Ruck am Halsband (Kette) mit der Hand oder – wenn notwendig – mit der am Halsband befestigten Leine. Der entsprechende Ruck am Halsband muß auch als solcher verstanden werden. Zu dem Thema Strafe bei der Erziehung des Hundes gehört die Mahnung „Nur der Dumme schlägt seinen Hund". Man kann nicht leugnen, daß uns der „Kleine" manchmal ganz schön in Wut bringen kann, aber hier müssen wir einfach kühl bleiben und uns wirklich zurückhalten, damit wir nicht die Kontrolle über uns verlieren.

Einen Hund bei der Erziehung zu schlagen, sei es mit einem Gegenstand oder mit der Hand, ist des Menschen unwürdig und beschämend. Eines erreicht man damit bestimmt: den verschreckten, sich vor dem Hundeführer verkriechenden, nässenden, handscheuen Hund!

Die Leine

Beim Erlernen der Leinenführigkeit machen viele Hundeführer den Fehler, den Hund ständig mit gespannter Leine an ihrer linken Körperseite zu führen. Richtig ist ein kurzer, kräftiger Leinenruck an der locker hängenden Leine. Dazu kommt das ermahnende kurze Hörzeichen „Fuß!", und dann läßt man die Leine wieder locker durchhängen, um dem Hund die Möglichkeit zu geben, einen Fehler zu machen. Sollte der Hund nur eine Korrektur benötigen und dann korrekt bei Fuß gehen, muß man natürlich sofort mit liebelnder Stimme „Sooo ist's braaav!" loben. Man sollte hier aber richtig dosieren, damit der Hund nicht vor lauter Freude über das Lob die korrekte Leinenführung verläßt.

Ratschläge für die praktische Erziehung

Was wollen wir mit der Erziehung des jungen Rottweilers erreichen? Er soll zimmerrein werden, er soll kommen, wenn man ihn ruft, auf seinem Platz bleiben, wenn wir es wünschen – und warten können soll er auch. Er soll verkehrssicher sein, nicht stehlen, gesittet an der Leine gehen und uns nicht anspringen. An das Autofahren und an das Verhalten im Auto muß man ihn rechtzeitig gewöhnen. Das scheint viel Arbeit zu bedeuten, ist aber tatsächlich nicht so schlimm.

Zimmerreinheit

Man sollte immer bedenken: Ein Junghund ist mit einem Kleinkind vergleichbar. Wenn er vom Schlafen aufwacht, wird er sofort seine Blase entleeren müssen. Außerdem wird er, kurz nachdem er sein Futter oder das Trinken bekommen hat, unruhig und sucht mit trippelnden Schritten und tiefer Nase einen Platz zum Lösen oder Nässen. Wenn man bei seinem kleinen Rottweiler solch ein Verhalten bemerkt, nehme man ihn hoch und trage ihn auf kürzestem Weg ins Freie, wo man den Kleinen auf weichen Sand- oder Grasboden setzt und ihm ruhig zuspricht. Es ist wichtig, ihm beim „Geschäftchenmachen"

mit ruhiger Stimme und stets den gleichen Worten zuzusprechen. Unser Rottweiler wird sich rasch daran gewöhnen. Anfangs wird er sich sehr darüber freuen und später, wenn er den Sinn kennt, schneller seine Notdurft verrichten. Das ist bereits eine große Erleichterung für uns: Es hilft uns bei schlechtem Wetter, wenn wir nur im Schlafanzug, Regenmantel und Hausschuhen warten, bis der an seiner Umgebung interessierte Welpe um zehn Uhr abends bei strömendem Regen sein Geschäft verrichtet. Ganz zu schweigen von Situationen im Auto, auf Reisen im Zug, vor Prüfungen oder Hundeausstellungen. Man muß den Welpen auch während des Nässens oder Lösens mit liebelnder Stimme loben, etwa mit den Worten „Bist du braaav!"

Wichtig ist, daß wir beim Welpen zwischen Hinausführen und Spazierengehen unterscheiden. Nach der Fütterung muß der Hund hinaus und sich lösen, das ist klar – aber anschließend hat er auf seinem Platz zu schlafen. Denn wie beim Kleinkind ist Ruhe nach der Mahlzeit oberstes Gebot. Wir müssen daher auch unsere Spaziergänge so wählen, daß der Welpe oder Junghund nicht unmittelbar nach der Mahlzeit mit vollem

Magen weite Spaziergänge macht. Darunter leiden sämtliche Bänder und Sehnen, es kann später zu weichem, durchhängendem Rücken, nachgebendem Vordermittelfuß und losen Schultern kommen.

Obwohl der Welpe uns nun schon wirklich brav anzeigt, daß er „muß", kann es trotzdem in der Hitze eines aufregenden Spieles passieren, daß er vergißt zu melden, und das Bächlein rinnt in der Wohnung. Einen Welpen deswegen zu bestrafen, ihn vielleicht zusätzlich mit der Nase in das kleine Malheur zu stoßen, ist falsch. Man sollte wohl mit der Hand hinzeigen und mit etwas gedehntem Tonfall „Pfui, schäääm dich!" sagen, aber eine körperliche Bestrafung ist unter allen Umständen zu vermeiden. Diese würde ihn nur verschrecken und ist völlig sinnlos. Der Welpe wird in der Folgezeit, sollte er einmal vom inneren Drang überrascht werden, in die Nähe der Tür machen. Dies ist bereits ein großer Fortschritt. Wir müssen ihn daher noch genauer beobachten, um seine Sprache zu verstehen.

Viele Hunde werden unruhig, laufen zur Tür, stellen sich zur hängenden Führleine oder kratzen an der Tür. Hier heißt es dann: schnell sein. Man frage den Hund, meistens schon im Laufschritt, „Mußt du hinaus?" Mit dieser Frage erreicht man, daß der Hund später sein Verlangen noch heftiger und früher anzeigt. Ist dem

In Erwartung der Belohnung

Welpen das kleine Malheur einmal in der Wohnung passiert, so hilft es, die Stelle am Fußboden nach der Reinigung mit Sagrotan oder Anti-Läufigkeitsspray zu behandeln.

Jenen Hunden, die eine kombinierte Zwinger-Wohnungshaltung haben, muß man, bevor sie in die Wohnung kommen, Gelegenheit geben, sich gründlich auszulaufen. Ist der Hund erkrankt, und es passiert etwas, wird darüber hinweggegangen. Es kommt auch vor, daß Hunde langsam zimmerrein werden und daß sie sich hauptsächlich in der Nacht lösen, obwohl wir noch spät am Abend mit ihnen „Gassi" waren, oder wenn sie ohne Aufsicht sind. Der Junghund wird in solchen Fällen mit einer kurzen, verstellbaren Zwingerkette angeleint, deren Karabiner mit drehbarem Zwischenstück versehen ist. Die Länge der Kette muß so gewählt werden, daß der Junghund seinen Platz nicht verlassen kann. Ein Hund beschmutzt unter normalen Umständen niemals seinen Liegeplatz. Wenn man den Hund dann von seinem Platz abholt, lobe man ihn ausgiebig, nehme ihn sofort an die Führleine und bringe ihn schnellstens zum Lösen ins Freie.

Die Ausrüstung für den Rottweiler: 1 Kettenhalsband, 2 Maulkorb, 3 Pflegestriegel, 4 Zwingerkette mit zwei Wirbeln und Sicherheitshaken, 5 verstellbare Führleine, 6 Lederhalsband, 7 Lederzughalsband, 8 Gummipflegehandschuh, 9 Hundebürste

Gewöhnung an Halsband und Führleine

Vom ersten Tag an gewöhnen wir den Welpen an das Lederzughalsband. Das Halsband läßt sich individuell für jeden Halsumfang verstellen und hat am Zugteil eine Sperre, die verhindert, daß es sich zu stark zusammenzieht und den Welpen stranguliert. Später, wenn der Hund schon fast erwachsen ist, werden wir eine langgliedrige Zughalskette verwenden.

Die Zughalsbänder müssen so angelegt werden, daß beide nach einer direkten Einwirkung von selbst wieder locker werden. Bei erwachsenen, „bei Fuß" gehenden Hunden kann auch ein stabiles Lederhalsband verwendet werden. Die verstellbare Führleine soll aus zugfestem Geschirrleder sein, etwa 200 cm lang und 18 mm breit. An den jeweiligen Enden soll sie je einen starken, drehbaren Bolzenhaken mit Spiralfederspannung haben. Die verstellbare Führleine hat 2 oder 3 Metallringe und kann je nach Anwendung zwischen 100 cm und 200 cm verstellt werden. Die Länge der Führleine sowie die Verstellbarkeit dienen der leichteren Handhabung bei der Erziehung und später bei der Abrichtung unseres Rottweilers.

Das Anlegen der Führleine und des Halsbandes wird immer unter starkem Loben und am Anfang immer am selben Ort durchgeführt.

Halsband und Leine haben im Hausflur einen festen Platz. Man verwende bei seinem Hund, wenn man nach Halsband, Halskette oder Leine greift, die Worte „Gehen wir Gassi?" Der Hund wird binnen kürzester Zeit verstehen, was wir wollen, und wahre Bocksprünge vor Freude aufführen. Der Welpe muß aus seinem Zwinger, dem Garten oder der Wohnung hinaus, um die Umwelt kennenzulernen und verkehrssicher zu werden, aber auch, um den Kontakt zu anderen Hunden nicht zu verlieren. Das wichtigste ist aber die Bewegung mit dem Hundeführer und das gemeinsame Erleben. Zu Beginn der Eingewöhnung suchen wir uns einen Ort aus, wo wir mit dem Hund ungestört sind. Man kann sogar, wenn man genügend Raum zur Verfügung hat, die ersten gemeinsamen „Gehversuche" mit dem Junghund in der Wohnung machen. Unter starkem Loben wird der Hund angeleint, und man geht mit ihm langsam herum, ohne sich um sein anfängliches Sträuben zu kümmern. Man bleibt dann stehen, streichelt den Welpen, spricht mit ihm ruhig und geht dann wieder weiter. Anfangs ist es gleichgültig, an welcher Körperseite des Hundeführers sich der Welpe bewegt. Es soll lediglich erreicht werden, daß sich der Junghund daran gewöhnt, an der Leine zu gehen. Sollte der Hund zuerst an gespannter Leine zurückbleiben, dann zerren Sie ihn nicht nach vorn zu sich, sondern drehen Sie ihm das Gesicht zu. Verkleinern Sie Ihre für ihn sichtbare Oberfläche, indem Sie sich bücken, und gehen Sie mit raschen kleinen Schritten vom Hund weg. Lächelnd locken Sie ihn dann mit hoher Stimmlage und dem Wort „Hiiier!" zu sich. Halten Sie die gespannte Leine anfangs ruhig, erst nach dem dritten oder vierten Hörzeichen ziehen Sie langsam den Welpen unter andauerndem Loben zu sich. Ist er bei Ihnen angekommen, bleiben Sie in gebückter Haltung und loben und streicheln den verschüchterten Kleinen. Anschließend machen Sie wie beschrieben weiter.

Mit Fortdauer der Erziehung lassen Sie den Hund nicht mehr von einer Seite auf die andere pendeln, sondern ziehen ihn mit der Leine an Ihre linke Körperseite. Zieht der Hund nach vorn oder zur Seite, dann geben Sie ihm einen kräftigen Leinenruck und gleichzeitig das Hörzeichen „Fuß!" Man muß gerade bei dieser Übung sehr viel Geduld haben, denn es dauert schon geraume Zeit, bis der junge Hund begriffen hat, was von ihm verlangt wird. Zu

Der Rottweiler und die Kätzchen – wenn man aneinander gewöhnt ist, braucht es keine Feindschaft zu geben

Hause angekommen, nehmen Sie dem Hund das Halsband herunter und loben ihn ausgiebig.

Richtiges Verhalten im Straßenverkehr

Hat der Welpe sich an Halsband und Leine gewöhnt, so müssen wir ihn mit dem heute recht aufregenden Straßenverkehr vertraut machen – egal, ob man in der Stadt oder auf dem Land wohnt. Je früher der kleine Rottweiler an dieses Problem herangeführt wird, desto besser. Der Hund hat im Straßenverkehr immer an der Leine zu gehen. Sollte er auf Fahrzeuge, Menschenmengen oder Geräusche mit Angst reagieren, so zwingen Sie ihn nicht zum Weitergehen, sondern lassen Sie ihm Zeit, die optischen und akustischen Eindrücke des Straßenverkehrs zu verarbeiten. Beruhigen Sie ihn, bevor Sie weitergehen.

Wenn Sie eine Straße überqueren wollen, sollten Sie den Hund an der Gehsteigkante mit der Leine zurückhalten und dabei das Hörzeichen „Halt!" lang und gedehnt aussprechen. Lassen Sie den Hund ruhig warten – gleich, wieviel Fahrzeuge oder Passanten an ihm vorüberkommen. Wenn Sie den Hund – sobald er sich anschickt, vom Bordstein herunterzusteigen – mit „Halt!" abbremsen, wird er bald warten lernen und dann mit Ihnen gemeinsam weitergehen, wenn er das Hörzeichen „Fuß!" vernommen hat.

Vor Rolltreppen muß gewarnt werden. Meist ist es auch verboten, sie in Begleitung des Hundes zu benutzen. In den Zwischenräumen zwischen den Stufen, die sich ständig bewegen, können sich die Hunde leicht die Pfoten gefährlich einklemmen.

Das Spielen

Wir wissen bereits, daß sich unser Welpe in der Sozialisierungsphase befindet. Er lernt während dieser Zeit, sich auch im Spiel richtig einzuordnen und zu benehmen. Außerdem entwickelt er nun wegen des Zahnwechsels einen enormen Beißtrieb. Wir geben ihm deshalb zum Kauen möglichst große Büffelhautknochen und spielen mit ihm zum Beispiel mit Bällen, die allerdings immer so groß sein müssen, daß er sie unter keinen Umständen hinunterschlucken kann. Wir beschäftigen uns viel mit unserem Rottweiler und gehen oft mit ihm spazieren. Andererseits überlassen wir ihn auch zeitweise sich selbst, damit er ungestört auf Entdeckungsreisen gehen kann. Doch während des Spiels – ob im Haus oder Garten – müssen wir stets der Rudelführer bleiben. Auch im noch so putzigen Spiel darf nie unser kleiner Rottweiler über uns die Oberhand gewinnen. Natürlich sieht es recht drollig aus, wenn der Welpe uns böse anknurrt und uns recht angriffslustig zwickt. Aber denken Sie daran, daß es später fast unmöglich ist, einen ausgewachsenen Rottweiler, der 30 bis 40 kg wiegt, zu bändigen, wenn er sich an solch Verhalten gewöhnt hat. Und ein Biß, selbst spielerisch gemeint, kann böse Folgen haben. Wir achten deshalb schon im Welpenalter darauf, daß unser Rottweiler in seiner Rolle bleibt. Wir üben, ihn sanft auf den Rücken zu rollen und kraulen ihn dabei. Sollte er sich das nicht gefallen lassen – ein Griff am Hals, natürlich nicht fest, aber um so bestimmter, zeigt ihm wieder seinen „Standort". Wir nehmen ihm Spielzeug mit einem energischen „Aus!" aus dem Maul, auch einen Knochen. Wir greifen öfter ins Maul und kontrollieren die Zähne. Diese Übung machen wir auch im Hinblick auf künftige Ausstellungen.

Wenn unser Rottweiler gewohnt ist, sich freiwillig ins Maul greifen zu lassen, kann ihn das auch vor Schaden bewahren, beispielsweise wenn sich ein Fremdkörper zwischen den Zähnen eingeklemmt hat und wir ihm sofort helfen können. Das erspart so manchen Besuch beim Tierarzt.

Spiel mit anderen Hunden. Bei unseren Spaziergängen wird unser Rottweiler sicherlich auch anderen Hunden begegnen. Wird er bei uns zu Hause im Rudel gehalten, wird er sich auch außerhalb des Hauses richtig zu verhalten wissen. Beim Einzelhund achten wir darauf und weisen ihn – wenn nötig – zurecht. Leider gibt es eine Menge Artgenossen, denen das natürliche Instinktverhalten abhanden gekommen ist und die sich aggressiv benehmen. Wir meiden solche Hunde, denn „schlechte Beispiele verderben gute Sitten", und wir wollen unseren Rottweiler nicht zum Raufer und „Killer" von kleinen Hunden erziehen.

Spiel mit Kindern. Wächst unser Hund mit Kleinkindern auf, müssen wir ihn eher vor den Kindern schützen als umgekehrt. Kleinkinder fügen in ihrem Ungestüm und ihrer Neugierde dem Hund oft Schmerzen zu. Der Rottweiler als kinderliebender Hund wird sich lange die Quälereien gefallen lassen, doch irgendwann kommt der Moment, wo es ihm zu dumm wird und er sich wehrt. Dann können wir ihm keine Schuld geben. Also Kleinkinder früh genug darüber aufklären und nur unter Kontrolle mit dem Hund spielen lassen!

Die Platzübung

Unser Rottweiler ist zwölf Wochen alt, hat sich zu Hause gut eingewöhnt, ist schon ein recht selbstbewußter kleiner Kerl und zu manchem Schabernack aufgelegt. Nun ist es Zeit, ihm die sogenannte Platzübung beizubringen. Man nimmt den Hund am Halsband, zieht ihn in Richtung Boden und drückt ihn gleichzeitig mit einer Hand am Widerrist oder an der Kruppe nieder. Mit dieser direkten Einwirkung verbindet man das ruhig, aber scharf gesprochene Hörzeichen „Platz!" oder „Leg dich!" Da der Welpe zu diesem Zeitpunkt noch nicht weiß, um was es geht, wird er dieser direkten Einwirkung mehr oder weniger Widerstand entgegensetzen. Diesem Widerstand müssen Sie sofort ruhig, aber bestimmt mit einem neuerlichen Niederdrücken unter gleichzeitig ruhig gegebenem Hörzeichen entgegenwirken. Wichtig bei der Platzübung: Sobald der Hund die von Ihnen gewünschte Handlung ausgeführt hat, muß blitzschnell die

Rottweiler mit schön gezeichnetem Brand

direkte Einwirkung – das Niederdrücken mit den Händen – aufhören
und das intensive Belohnen mit Stimme und Händen beginnen.

Abgewöhnen des Anspringens

Es würde ja den meisten Rottweiler-
Besitzern nichts ausmachen, wenn
der Welpe oder Junghund seine Anhänglichkeit und Freude dadurch
zeigt, daß er vor lauter Liebe an uns
hochklettern möchte. Nur muß man
eins bedenken: Er bleibt nicht so
klein. Und es ist nicht angenehm,
wenn man von einem Theaterbesuch
abends in eleganter Kleidung nach
Hause kommt, der Hund hingegen
aus dem regennassen Garten, und die
Begrüßung auf die geschilderte Weise
stattfindet.

Dem jungen unerfahrenen Rottweiler soll man aber hier nicht zuviel
verwehren, da sonst eine gewisse Unsicherheit des Hundes dem Menschen gegenüber bemerkbar wird. Er
muß mit uns spielen können, sonst
bekommt er kein Vertrauen. Der
Rottweiler wird bald verstehen, wann
ihm das Anspringen noch erlaubt ist
und wann nicht. Wenn Sie das Anspringen in einem bestimmten Moment nicht erlauben wollen, weisen
Sie ihn ruhig, aber bestimmt ab, indem Sie die Vorderpfoten des Hundes mit Ihrer linken Hand abfangen,
dem Hund mit der rechten flachen

Hand einen leichten Klaps auf sein
linkes Schulterblatt geben und selbst
nach rechts ausweichen. Im selben
Augenblick können Sie mit Betonung
auf „Nein, nicht anspringen!" den
Hund zum sofortigen Einstellen seiner Handlung veranlassen. Über längere Zeit systematisch geübt, wird
der Welpe bald das gegebene Hörzeichen und die vorgestreckte Hand
verstehen und sich richtig verhalten.
Wenn Sie das Anspringen niemals erlauben, müssen Sie dem Hund statt
des Hörzeichens „Nein, nicht anspringen!" das Hörzeichen „Pfui!"
geben, die Abwehr bleibt dieselbe.

Der Hund lernt das Kommen

Wenn der kleine Rottweiler in die Familie aufgenommen worden ist, muß
er von Anfang an lernen, daß er
kommen soll, wenn man nach ihm
ruft oder pfeift. Er soll nicht erst lange nachdenken oder die Umgebung
betrachten, ehe er sich entschließt.
Am besten erreicht man sein Ziel,
wenn man den Hunger des Kleinen
ausnutzt. Wenn die Fütterungszeit
gekommen ist, wird man ihn mit
Namen und dem Hörzeichen „Hier!"
liebelnd und mit etwas höherer
Stimmlage rufen. Sobald der Welpe
kommt, entfernt man sich mit der
Futterschüssel. Der Welpe läuft jetzt
hinterher, man lobt ihn ausgiebig und
gibt ihm sein Futter. Später läßt man

den Welpen von einer anderen Person halten, geht einige Meter mit der Futterschüssel weg, verkleinert, indem man sich bückt, seine Oberfläche und ruft den Hund wieder zu sich, lobt ihn ausgiebig und gibt ihm sein Futter. Dies sollte, auch unter Ablenkung durch andere Hunde, Menschen und zu anderen Zeiten geübt werden. Dem Hörzeichen kann man noch in Kombination einen Pfiff beigeben, so daß der Hund einmal auf Ruf, das andere Mal wieder nur auf Pfiff kommen muß.

Sobald Sie im Freien sind, kann es ohne weiteres vorkommen, daß der kleine Rottweiler, obwohl er in Haus und Garten gut gehorcht hat, nun nicht pariert. Nehmen Sie dann eine Handvoll kleiner Rundkieselsteine in der Hosen- oder Manteltasche mit. Sollte der Welpe auf den Ruf „Hiiier!" nicht hören, weil ihn etwas anderes dringend interessiert, überzeugen Sie sich, daß er Sie nicht anschaut, und werfen Sie einige Kieselsteine auf ihn. Sie dürfen ihn nur leicht am Körper treffen, niemals am Kopf, und er darf nicht merken, daß Sie die Kieselsteine geworfen haben. Sobald er getroffen ist, wird er etwas verunsichert sein, da er nicht weiß, aus welcher Richtung die Geschosse kamen. Diesen Augenblick nutzen Sie aus und rufen ihn sofort wieder. Diesmal kommt er bestimmt. Selbstverständlich wird er für das Kommen ausgiebig gelobt.

Auch das Warten wird geübt

Der Hund soll lernen, daß er auf Anordnung seines Hundeführers überall auf diesen zu warten hat. Es hat aber keinen Sinn, dies dem Hund zu erklären, sondern er muß während der Erziehung merken, daß sein Herr immer wieder zurückkommt, ihn persönlich abholt und auch belohnt. Das unbedingte Vertrauen des Hundes ist das wichtigste bei dieser Übung, denn sobald Mißtrauen aufkommt, wird es schwierig, eine akzeptable Leistung vom Hund zu verlangen. Geübt werden darf nur in einer dem Hund vertrauten Umgebung: in der Wohnung, im Garten, beim Auslaufen, also überall dort, wo der Hund das mögliche Mißtrauen gegenüber neuer Umgebung abgelegt hat. Das Ziel dieser Übung besteht darin, dem Hund das Verweilen und Warten ohne Anwendung von Gewalt beizubringen. Der Hund wird mit einer dünnen, mit Drehwirbel versehenen Zwingerkette an einem fixierten Punkt wie Schrankfuß, Gartenzaun oder Baum angeleint. Man beruhigt ihn, während man ihn ankettet, geht dann einige Schritte vom Hund weg und bleibt stehen. Nach einigen Augenblicken geht man langsam auf und ab und spricht beruhigend „Waaarten!", bleibt aber im Gesichtsfeld des Hundes. Sollte der Hund unruhig werden, an der Kette

Spielkamerad gesucht …

… und schon gefunden!

Erstes Kräftemessen …

Schwenk nach rechts …

Paarlauf geradeaus …

… und ein Dritter mischt sich ein

zerren oder bellen, so wirkt man sofort mit dem Hörzeichen „Waaarten!" ein, bleibt aber auf Entfernung. Sobald sich der Hund beruhigt hat, geht man langsam zu ihm zurück, streichelt und lobt ihn ausgiebig und entfernt sich wieder mit dem Hörzeichen „Waaarten!" Wie der Hund wartet, ob im Liegen, Sitzen oder Stehen, ist unwichtig. Später verlängert man die Zeiträume, geht weiter weg, bis man sich zum Schluß ganz aus dem Gesichtsfeld des Hundes begibt. Wichtig ist es, dem Hund das Vertrauen zu geben, daß der Hundeführer immer zurückkommt und ihn abholt. Soll die Übung beendet werden, kehrt man zum Hund zurück, löst ihn von der Kette, leint ihn an und geht dann mit dem Hörzeichen „Fuß!" weg. Anschließend lobt man den Hund und läßt ihn sich austoben.

Abgewöhnen des Stehlens

Hunde aller Altersklassen neigen, wenn ein Stück Fleisch, Wurst oder etwas Käse für sie auf dem Küchentisch erreichbar liegt, zum Stehlen. Das Abgewöhnen geschieht mit vielen Methoden. Die folgende hat bisher sehr gut funktioniert und ist auch noch anwendbar, wenn der Hund schon einmal in dieser Situation war. Man nehme einige Mausefallen, ziehe Gummihandschuhe an und umwickle mit einem Isolierband den scharfen Schlagbügel der Falle. Dann befestige man einige Leckerbissen an der Falle, stelle sie auf dem Tisch in der Küche oder bei der Sitzgarnitur im Wohnzimmer auf, beschwere die Mausefalle mit einem Buch oder verstecke sie etwas. Anschließend lasse man den Hund in die Küche oder das Wohnzimmer und beachte ihn nicht.

Er wird in kurzer Zeit den Geruch des Leckerbissens in der Nase haben und den begehrten Futterbrocken bald orten. Nun wird es für uns Zeit, den Raum zu verlassen. Man schließt die Tür nicht ganz.

Nach einiger Zeit wird man die Mausefalle schnappen hören. Man wartet noch einen Augenblick, um dann ganz harmlos den Raum zu betreten. Man muß deshalb nachschauen, weil sich manche Hunde nach einiger Zeit zur entspannten Mausefalle trauen und den Futterbrocken verspeisen. Zunächst aber wird unser Hund ganz verdattert in der Ecke sitzen und uns beim Eintreten herzlich begrüßen. Loben Sie ihn. Schauen Sie die Mausefalle nicht an und räumen Sie sie erst weg, wenn der Hund aus dem Raum gebracht ist. Aber bitte nur mit Gummihandschuhen (Einmal-Plastikhandschuhe) anfassen, damit kein Geruch von Ihnen daran haftet. Lassen Sie einen oder zwei Tage vergehen, und wiederholen Sie dann diese Übung kurz vor der Fütterung, wenn der Hunger am größten ist.

Ausstellungen

Noten für Schönheit

Beim Lesen der Hundefachzeitschrift, im Gespräch mit Hundefreunden beim Klubabend oder am Abrichteplatz wird uns mancher Hund als „Champion" vorgestellt.

Wir erfahren, daß es Ausstellungen und Schauen gibt, bei denen es um das nationale oder auch um das internationale Schönheits-Championat geht. Was wird nun auf unseren Ausstellungen verlangt? Geprüft wird das Erscheinungsbild des Hundes und seine Übereinstimmung mit dem FCI-Standard. Laut Reglement werden folgende Noten vergeben:

• „vorzüglich" an Hunde mit sicherem Wesen, die den vom zuständigen Spezialverein aufgestellten und von der FCI anerkannten Rassekennzeichen (dem Standard) vollständig entsprechen.

• „sehr gut" an Hunde, die typisch in ihrem Erscheinungsbild, sicher im Wesen und in Gebäude, Stellung und Gangart tadellos sind und keine Gebrauchsfehler aufweisen. Leichte Schönheitsfehler müssen durch besondere Vorzüge ausgeglichen sein.

• „gut" an Hunde ohne Gebrauchsfehler und ohne grobe Schönheitsfehler.

• „befriedigend" an Hunde mit leichten Gebrauchs- und Schönheitsfehlern in geringer Zahl.

• „genügend" an Hunde mit allen wesentlichen Rassemerkmalen, aber gröberen Gebrauchs- und Schönheitsfehlern.

• „nicht genügend" an Hunde mit gehäuften groben Fehlern oder Merkmalen der Entartung in Form oder Wesen.

Außerdem wird noch das CAC vergeben (Anwartschaft auf das nationale Championat), und das CACIB (Certificat d'aptitude au Championnat International de Beauté), also die internationale Anwartschaft auf das Championat für Schönheit. Der dazu befähigte Preisrichter betrachtet zuerst die Gesamterscheinung des Hundes, es folgt eine Detailbeschreibung der einzelnen Körperteile, und schließlich wird der Rottweiler im Laufen beurteilt. Der Sinn einer Ausstellung liegt nicht in der Befriedigung der menschlichen Eitelkeit, sondern in der Darstellung des derzeitigen „Standortes" der Rasse.

Wenn man seinen Rottweiler zur Zucht verwenden will, schreiben die Rottweilerklubs mancher Länder eine Bewertung von „vorzüglich" für den Rüden und „sehr gut" für die

Hündin vor, die auf einer nationalen oder internationalen Hundeausstellung erworben sein muß. Die Rottweilerklubs anderer Länder verlangen eine sogenannte Zuchttauglichkeitsprüfung als Voraussetzung zur Zuchtverwendung. Für den Anfang begnüge man sich mit sogenannten klubinternen Pfostenschauen. Die Termine kann man den Fachzeitschriften entnehmen. Unser Rottweiler kann hier schon früh lernen, sich richtig zu bewegen und zu zeigen. Wir sammeln Erfahrungen, indem wir die anderen beobachten. In manchen Ländern werden schon halbjährige Hunde darauf trainiert, sich bei sogenannten Matches zu zeigen, die recht häufig veranstaltet werden. Diese Hunde stehen auch wie ein „Standbild", und es ist ausgeschlossen, daß sich diese Hunde gegenseitig anbrummen und sogar geifernd und beißend aufeinander losspringen.

Deshalb üben auch wir fleißig, um nicht solche „Extratouren" zu liefern. Auch wenn der Preisrichter ihn anfaßt und z. B. sein Gebiß überprüft, muß sich unser Rottweiler ruhig und gelassen zeigen. Wir stellen unseren Hund nie mit dem Kopf gegen die Sonne, dadurch würde nämlich die Augenfarbe lichter erscheinen, als sie tatsächlich ist. Damit er aufmerksam schaut und eine gespannte Körperhaltung einnimmt, lassen wir ihn von einer ihm nahestehenden Person locken. Dies sollte allerdings nicht

durch Schreien und mit Verrenkungen geschehen; geschickter ist es, wenn leise gezischt wird oder wenn wir an die Freßlust unseres Hundes appellieren und z. B. mit Papier rascheln. Wir üben auch das Laufen an der locker durchhängenden Leine und achten darauf, daß der Rottweiler nicht in den Paßgang verfällt (Vor- und Hinterhand der gleichen Seite gehen gleichzeitig nach vorne). Besonders etwas zu gut gefütterte Rottweiler verfallen leicht in diese Gangart.

Um an solchen Ausstellungen teilnehmen zu können, muß man sich rechtzeitig anmelden. Die Anmeldeformulare liegen der Fachzeitschrift meistens bei, oder man liest Ent-

Rottweiler als Katastropheneinsatzhund

sprechendes im Ausstellungskalender und fordert dann bei den zuständigen Vereinen die Meldeformulare an. Daß man den Meldeschein korrekt ausfüllt, seinen Hund auch in der richtigen Klasse (richtet sich nach Alter, Abrichtekennzeichen, bereits erworbenen Titeln) anmeldet und auch Kleingedrucktes liest und beachtet, ist selbstverständlich.

Vorbereitung

Nun, da wir uns entschlossen haben, unseren Hund von einem anerkannten Richter beurteilen zu lassen, trachten wir danach, den Hund in Hochform zu präsentieren. Zum

Vor der Ausstellung geht es erst zum Tierarzt

Wohlbefinden ist die Pflege des Haarkleides und dadurch auch der Haut notwendig. Das regelmäßige Bürsten des Hundefells mit dem Pflegestriegel aus Gummi oder einer harten Bürste bewirkt nicht nur die Entfernung der absterbenden und ausfallenden Deckhaare und der Unterwolle, sondern sorgt auch dafür, daß sich keine Hautparasiten ausbreiten können. Gleichzeitig wird eine gute Durchblutung der Haut erreicht, und die Haare werden besser mit den notwendigen Substanzen versorgt. Sie werden feststellen, daß das Haarkleid nach regelmäßiger Pflege, wenn der Hund gesund ist, einen schönen Glanz bekommt.

Zur Fellpflege verwendet man in der Regel Bürste, Pflegehandschuh und Striegel. Beim Kauf sollte man eine Bürste mit harten, kurzen Naturborsten wählen; bei der Wahl des Striegels muß auf die stark abgerundeten, weit auseinanderstehenden Zinken geachtet werden. Stehen sie zu eng, dann reißen sie zuviel Unterwolle und Deckhaare heraus. Spitze Zinken können die Haut verletzen und eventuell zu Ekzemen führen. Es hat sich bewährt, den Hund erst mit den Fingerspitzen gegen den Haarstrich kräftig zu streichen und ihn anschließend mit der Hundebürste gegen den Strich zu bürsten. Zum Schluß wird der Hund mit dem Gummi-Pflegestriegel in Richtung des Haarstriches gebürstet.

Wochen vor der Schau betrachten wir seinen Futterzustand: Ist unser Hund zu fett? Nichts ist häßlicher als ein schwammiger und dadurch in seinen Bewegungen unförmig wirkender Rottweiler. Ist er gar zu mager? Auch dieses Extrem läßt unsere Rasse nicht vorteilhafter erscheinen. Beides muß rechtzeitig behoben werden. Wenn nötig, lassen wir auch den Zahnstein entfernen. Die Fellpflege ist unproblematisch und bedarf keines außerordentlichen Aufwandes. Das tägliche Bürsten und Kämmen ist eine Selbstverständlichkeit.

Zur Ausstellung selbst reisen wir rechtzeitig an, ein Erscheinen in letzter Minute ist der Situation nicht förderlich. Vor der Abreise achten wir darauf, daß wir die erforderlichen Dokumente (Ahnentafel, Impfpaß, frühere Diplome o. ä.) mit uns führen.

Wir nehmen außerdem eine Zwingerkette mit drehbarem Wirbel, eine Decke zum Einlegen in die Ausstellungskojen, einen Wassernapf und etwas Futter mit, für uns selbst einen Klappstuhl.

Im Ring

Wenn wir zur Bewertung aufgerufen werden, bemühen wir uns, ruhig zu bleiben, denn Nervosität überträgt

sich sofort auf unseren möglichen Champion-Anwärter, und den belastet die neue Umgebung ohnehin genug. Also ruhig und gelassen den Anweisungen des Ringordners und natürlich auch denen des Richters folgen. Vorher geübtes Ringtraining kommt uns jetzt zugute.

Bedenken Sie immer: Jeder Richter bemüht sich, sein Bestes zu geben, jeden Hund auf das Korrekteste zu bewerten, und es bedarf starker Konzentration, sich auf jeden Hund neu einzustellen und dies alles in relativ kurzer Zeit. Machen Sie es dem Richter deshalb nicht unnötig schwer, lassen Sie den Hund ruhig stehen, damit ihn der Richter bestmöglich beurteilen kann. Immer wieder kann man beobachten, wie der Hund um seinen Herrn herumtanzt und so jeden korrekten Beschreibungsversuch schon im Keim erstickt.

Schließlich halten Sie das Ergebnis in Händen, das sogenannte Bewertungsblatt. Auch wenn Ihr Gesicht jetzt lang wird, weil Sie sich mehr erhofft haben: Bleiben Sie fair! Es ist kein Fehler, dem „Gewinner" zu gratulieren und sich beim Richter zu bedanken. Schließlich war das Ganze eine sportliche Veranstaltung. Zum Sport gehört Fairneß, und Ihr Rottweiler bleibt sowieso für Sie der Schönste und Beste.

Zucht

Eine allumfassende Darstellung des Themas „Zucht des Rottweilers" wäre zu umfangreich. Das „Brevier neuzeitlicher Hundezucht" von DR. HANS RÄBER kann als Fachbuch für den beginnenden, aber auch für den bereits züchtenden Liebhaber unserer Rasse genannt werden. Fragen hinsichtlich der Voraussetzungen für die Zucht beantwortet auch der Rottweilerklub. Einige grundsätzliche Punkte sollten Sie allerdings überdenken und prüfen, wenn Sie mit Ihrem Hund züchten wollen:

Eine „Vermehrung" nur aus dem Grund, daß uns die Hündin lieb ist und auch Welpen haben soll, ist abzulehnen, weil dies für ihr Wohlergehen nicht notwendig ist. Wenn man sich für die Zucht von Rottweilern entscheidet, muß man immer von dem Ziel ausgehen, daß eine Verbes-

Eine anhängliche Gesellschaft

52

serung der Rasse anzustreben ist. Dieses Zuchtziel setzt einen planenden, zielbewußten Züchter voraus, der der Rasse positive Impulse gibt. Am Beginn seiner züchterischen Tätigkeit sollte man dennoch seine Ziele nicht zu hoch stecken, um zu viele Rückschläge zu vermeiden.

Bei der Zucht sollte man in erster Linie versuchen, die Wesensmerkmale der Rasse zu festigen oder gar zu verbessern. Auch muß man wissen, daß das unbedingte Streben nach körperlicher Schönheit auf Kosten der Gebrauchstüchtigkeit abzulehnen ist. Nur die Summe aus den verschiedenen Faktoren ergibt den guten Rottweiler. Wie geht man also am besten beim Aufbau einer eigenen Zucht vor? Indem man ehrlich zu sich ist und die Hündin oder den Deckrüden genau betrachtet und prüft.

Man stelle sich folgende Fragen: Ist das Zuchttier ein typischer Rottweiler, hat es einen vorzüglichen Charakter, zeigte es in der Vergangenheit Wesensschwäche, wie war seine Erziehung, seine Ausbildung? Wie ist der Umgang mit ihm? Was mußte man langsam, behutsam lehren? Hat der Hund eine Gebrauchshundeprüfung, eine Körung? Wie sieht der Befund hinsichtlich der Hüftgelenke aus? Genau muß man den Körperbau, die Substanz der Knochen, die Proportionen und die Stellung der einzelnen Teile zueinan-

der prüfen. Wichtig sind auch geschlossene, kräftige Pfoten mit straffem Vordermittelfuß. Der korrekte Stand und die Winkelung an der Vorder- und Hinterhand sind zu beachten, ebenso straffer, gut bemuskelter Rücken, gute Lagerung des Schulterblattes und der Kruppe, ausgreifendes, korrektes Gangwerk.

Auf ein vollständiges, einwandfrei schließendes Scherengebiß mit gesundem Zahnzustand ist besonderer Wert zu legen. Der Lidschluß soll einwandfrei sein, die Augenfarbe bei unserem Hund muß möglichst dunkel sein. Wenn hier von Beginn an zu helle Augen in seine Blutlinien gezüchtet wurden, wird man in den Filialgenerationen mit Schwierigkeiten bei der Augenfarbe rechnen müssen. Ein Wegzüchten ist dann nicht so leicht möglich.

Der Punkt, den wir unbedingt beachten müssen, ist der Charakter des Rottweilers. Das „Wesen" des Hundes muß bei der Zuchtauswahl immer im Vordergrund stehen. Dem vorzüglichen „Wesenshund" kann man ruhig einige kleine Schönheitsfehler nachsehen. Unser Rottweiler muß sich leicht in die menschliche Gemeinschaft einfügen lassen, muß gutmütig sein, uns widerspruchslos gehorchen, wenn die Rangordnung hergestellt ist, und unsere Liebe zu ihm mit Anhänglichkeit erwidern. Außerdem muß er seine charakterliche und körperliche Belastbarkeit auf Gebrauchshundprüfungen und Körungen unter fachlicher Kontrolle bewiesen haben.

Wenn Sie diese Fragen ehrlich beantwortet haben und immer noch überzeugt sind, daß es richtig sei, mit Ihrem Rottweiler zu züchten, dann gehen Sie noch einen Schritt weiter: Erforschen Sie, ob die Eltern des von Ihnen zur Zucht in Aussicht genommenen Hundes auch dessen hervorragende Eigenschaften besitzen. Betrachten Sie auch seine Wurfgeschwister und – wenn vorhanden – deren Nachwuchs. Wenn Sie diese Fragen halbwegs positiv beantworten können, haben Sie einen Rottweiler gefunden, mit dem es sich lohnt zu züchten.

Noch ein Hinweis: Nehmen wir an, Sie sind Besitzer einer Hündin, möchten züchten und suchen einen passenden Deckrüden. Wenn Ihre Hündin nun zu helle Fellabzeichen besitzt, dann darf man unter keinen Umständen den Fehler machen, für sie einen Deckrüden mit zu dunklem, verrußtem Brand zu verwenden. Die erste Filialgeneration aus dieser Paarung hätte die Fehler beider Elternteile. Heller Brand mit dunklem, verrußtem Brand ergibt leider niemals dunkelbraunen Brand.

Generell gilt: Jeder anatomische und charakterliche Fehler eines Zuchtpartners ist in der Regel nur durch besondere Vorzüge des anderen auf demselben Gebiet auszugleichen.

Die Hitze der Hündin

Im Alter von ungefähr sieben bis neun Monaten tritt bei unserer Rottweilerhündin die erste Hitze (Läufigkeit) auf. Sie dauert etwa 20 Tage. Später wird die Hündin durchweg alle sechs bis acht Monate heiß.

Beim Beginn der Hitze merkt man, daß die Hündin sich in ihrem Verhalten etwas verändert, sie wird Harn öfters in kleinen Mengen absetzen. Äußerlich zeigt sich zunächst ein Anschwellen des Genitals. Sobald die Schwellung eintritt, muß man täglich kontrollieren, ob sich bei der Hündin ein Ausfluß aus der Scheide zeigt. Dieser ist zunächst wäßrig und wird dann zunehmend blutig. Die Blutung hält acht bis neun Tage an, dann nimmt der Ausfluß eine hellrote, ganz leicht bräunliche Färbung an, die ungefähr zwei bis drei Tage dauert. Ab dem elften bis zwölften Tag kommt nur mehr ein helles, leicht grau wirkendes Sekret. Dies ist der Höhepunkt der Hitze. Die Hündin sollte, wenn Decken geplant ist, binnen 48 Stunden einem Rottweilerrüden zugeführt werden. Wenn die kurze Zeitspanne, in der die Hündin dieses helle Sekret ausscheidet, übersehen wird, kann es vorkommen, daß sie keinen Rüden mehr annimmt. Sollte es mit Nachhelfen und Tricks doch zum Deckakt kommen, kann dies vergeblich gewesen sein: Die Hündin bleibt leer.

Jedem Besitzer einer hitzigen Hündin muß eindringlich geraten werden, die Hündin während der Zeit der Läufigkeit sorgfältig zu verwahren und zu beaufsichtigen, da sich auch die bravste und folgsamste Hündin gerade in diesen kritischen Tagen gern unerlaubt mit absoluter „Schwerhörigkeit" empfiehlt, um nette Partner in jeder Zahl und Rasse zu suchen, die sie auch garantiert findet.

Verhalten nach ungewolltem Deckakt

Wenn die Hündin nach so einem „Ausflug" zurückkommt, bestrafen Sie sie nicht. Der Fehler liegt einzig und allein bei Ihnen. Sollten Sie zufällig Zeuge eines unerwünschten Deckaktes werden, dann fassen Sie sich bitte in Geduld, er kann bis zu 40 Minuten dauern. Schreien, scharfer Wasserstrahl oder was sonst noch vorgeschlagen wird, nützen nichts. Hat der Rüde sein Glied einmal in die Scheide eingeführt, ist er durch den sogenannten Knopf – ein Anschwellen des vorderen Teiles des Gliedes – untrennbar mit der Hündin verbunden. Vor allem darf nicht versucht werden, die Hunde auseinanderzureißen, denn die Verletzungsgefahr für Hündin und Rüde ist sehr groß. Einziges Rezept: Abwarten und dann mit der Hündin zum Tierarzt. Dieser kann mit einer Hormonkur helfen; Ihre Rottweilerhündin wird nicht trächtig.

Es sei noch angemerkt, daß es ein weitverbreiteter Irrtum ist, die Hündin sei nach einem Mischlingswurf „verpatzt" – das gehört in die Welt der Ammenmärchen. Sehr wohl ist es aber möglich, daß es nach gewollter Deckung durch unsere Unaufmerksamkeit zu weiteren ungewollten Deckungen kommen kann. Wir erhalten dann einen kunterbunten Wurf von reinrassigen Rottweilern und Mischlingswelpen. Also auch noch nach einer gewollten Deckung aufpassen und bis zum Ende der „Läufigkeit" die Hündin unter den sogenannten „Quargelsturz" stellen.

Wenn die Hündin in der Wohnung oder im Haus gehalten wird, ist es ratsam, ihr ein im Fachhandel erhältliches „Hoserl" anzuziehen. Zur Vermeidung des „Läufigkeitsgeruches" (Lockgeruch für Rüden) können Chlorophylltabletten, beispielsweise „Dog stop", gegeben werden.

Ernährung

Der Hund braucht mehr als Fleisch

Leben ist Bewegung. Leben ist Wachstum. Leben ist Stoffwechsel. Damit Lebensvorgänge ablaufen können, muß sich das Lebewesen ernähren. Der Zweck der Ernährung ist es, dem Körper Nährstoffe zuzuführen. Diese dienen der Bewegung, indem sie Energie liefern, dienen dem Wachstum, indem sie die Baustoffe darstellen, dienen dem Stoffwechsel, indem sie verbrauchte Substanzen ersetzen. Nährstoffe befinden sich in der Nahrung. Tiere sind von organischen Stoffen abhängig. Diese gehen sämtlich auf Stoffwechselprodukte der Pflanzen zurück.

Der Hund als Nachfahre des Wolfes steht am Ende der Nahrungskette. Er verwertet nicht die Pflanze selbst, sondern pflanzenfressende Tiere. Die wildlebenden Ahnen unseres Hundes verzehrten ihre Beute meist vollständig. Von daher geht der Begriff „Fleischfresser" am Kern vorbei. Denn nicht nur Muskelfleisch, sondern ebenso die Knochen, Sehnen, das Fell und natürlich die Innereien samt dem pflanzlichen Inhalt wurden verschlungen. Treffender ist also die Bezeichnung „Beutetierfresser".

– Der Hund steht am Ende der Nahrungskette.
– Der Hund benötigt neben Fleisch auch Fett, Mineralstoffe, Vitamine und pflanzliche Materialien.
– Der Hund ist ein Beutetierfresser.

Das Verdauungssystem spaltet die Nahrung auf

Dem Wolf wie auch seinem Nachfahren Hund sind eine Reihe spezialisierter Organe eigen, mit denen er seine Nahrung beschaffen, zerkleinern und verwerten kann. Die Zähne dienen dem Ergreifen und Zerteilen der Beute. Mit Hilfe des Speichels gleitfähiger gemacht, gelangt die Nahrung durch die sehr dehnbare Speiseröhre in den Magen. Hier erfolgt eine erste Aufspaltung der einzelnen Bestandteile. Dieser Vorgang wird im Dünndarm fortgesetzt. Unverzichtbare Hilfe leisten dabei Verdauungsenzyme, die in der Bauchspeicheldrüse gebildet werden. Ihre Aufgabe ist die biochemische Zerkleinerung der Nährstoffe bis auf die Grundbausteine. Nur so zerlegt ist die Nahrung letztendlich verwertbar. Die Nährstoffe werden dann von der Darmschleimhaut aufgenommen und mit

Hilfe des Blutkreislaufs in jede noch so entlegene Zelle des Körpers transportiert. Dort erst erfüllen sie ihre eigentliche Funktion. Im Muskel beispielsweise wird die biochemische Energie bestimmter Nährstoffe in Bewegungsenergie umgewandelt, im Knochen dienen andere Nährstoffe als Bausteine den Wachstumsvorgängen. Unverwertbare Bestandteile der Nahrung gelangen in den Dickdarm und werden wieder ausgeschieden.

– Die Nahrung muß aufgespalten werden, um verwertbar zu sein.
– Die Aufspaltung erfolgt hauptsächlich im Darm.
– Die Nährstoffe werden mit dem Blutkreislauf aus dem Darm in alle Körperzellen transportiert.

Hohe Energieausbeute nur bei hochverdaulicher Nahrung

Ob unser Rottweiler läuft, springt, mit dem Schwanz wedelt oder vielleicht nur daliegt und Herrchen oder Frauchen beim Lesen zuschaut – jeder dieser Vorgänge braucht Energie, sie ist die treibende Kraft aller Lebensvorgänge. Unser Hund bezieht sie aus seinem Futter. In biochemischer Form gespeichert, gelangt Energie in den Körper und wird dort in die unterschiedlichsten Lebensäußerungen umgewandelt. Bei diesen Umwandlungsprozessen gibt es Ver-

luste. Über Kot und Harn werden Stoffe ausgeschieden, die noch Energie speichern. Auch Wärmeverluste schmälern die Energieausbeute für den Organismus. Dennoch hat das Energieumwandlungssystem „Hund" einen höheren Wirkungsgrad als jedes vom Menschen ersonnene. Eines liegt jedoch auf der Hand: Je höher die Verdaulichkeit der Nahrung ist, desto geringer sind die Energieverluste für den Hund.

– Ohne Energie gibt es kein Leben.
– Die Energie ist in der Nahrung.
– Je höher die Nahrung verdaulich ist, desto besser wird sie verwertet.

Eiweiße sind Baustoff, Energieträger und Wirkstoff zugleich

Jeder Hund benötigt über fünfzig verschiedene Nährstoffe, und zwar Tag für Tag, ein Leben lang. Man kann diese der besseren Übersichtlichkeit halber in Hauptnährstoffgruppen zusammenfassen. Eine wesentliche dieser Gruppen wird von den Eiweißen oder Proteinen gebildet. Sie stellen wichtige Körperbausteine dar. Nur eine einzige Körpersubstanz überhaupt enthält keine Eiweiße als Baustein, und das ist der Zahnschmelz. Alle anderen Gewebe, ob nun Muskel, Nerven, Haut oder innere Organe, bestehen in irgendeiner Form aus Eiweißen. Sogar der Knochen enthält nicht nur Mineralstoffe, sondern eben auch Gerüstproteine. Darüber hinaus werden wichtige Wirkstoffe wie Enzyme und Hormone durch Eiweiße aufgebaut. Außerdem sind Eiweiße eine Energiequelle für Hunde. Die Energieausbeute beim Abbau der Eiweiße ist jedoch nicht besonders hoch. In dieser Hinsicht ist die Nutzung von Fetten effizienter. Fette sind die für den Hund günstigste Energiequelle. Die Ausbeute bei ihrem biochemischen Abbau ist um etwa ein Drittel höher als bei Eiweißen. Fette sind jedoch nicht nur Energielieferanten. Sie stellen auch

wichtige Bausteine für Zellmembranen dar und sind unverzichtbarer Bestandteil von bestimmten Hormonen und Vitaminen. Kohlenhydrate kommen in der Natur in großen Mengen in Pflanzen vor. Das Verdauungssystem des Hundes kann diese nur in erhitzter Form spalten. Dann stellen einige Kohlenhydrate jedoch gute Energielieferanten dar. Weiterhin dienen Kohlenhydrate als Ballaststoffe. In dieser Funktion regen sie die Darmbewegung an und sind so für die Passage der Nahrung durch den Darm unerläßlich. Ebenso wichtige, jedoch grundsätzlich andere Aufga-

Ives, der Rottweiler, und Tine, die Französische Bulldogge

ben erfüllen die Mineralstoffe. Die bekanntesten unter ihnen, Kalzium und Phosphor, bilden die Hauptbestandteile der Knochen. Sie fungieren also als Baustoff. Andere Mineralstoffe werden im Stoffwechsel von Substanzen benötigt, welche Steuer- und Regelungsmechanismen bedienen.

So gibt es eine Reihe von Enzymen und Hormonen, die ohne die Anwesenheit bestimmter Mineralstoffe wirkungslos blieben. Weiterhin laufen so wichtige Vorgänge wie Blutgerinnung, Muskelkontraktionen oder die Erregungsleitung in Nerven nur ab, wenn die dazugehörigen Mineralstoffe dem Körper über die Nahrung zugeführt werden.

Die Gruppe der Mineralstoffe kann man noch einmal unterteilen in Mengenelemente (von diesen wird ein bedeutendes Quantum täglich benötigt) und Spurenelemente (hiervon reichen oft schon ganz geringe Mengen im Mikrogrammbereich aus). Schließlich müssen noch die Vitamine in der Nahrung sein, von denen es fettlösliche und wasserlösliche gibt. Vitamine haben lebenswichtige Steuerfunktionen, dienen dem Sehvermögen, der Krankheitsabwehr oder dem Energiestoffwechsel.

– Eiweiße sind Baustoff, Energieträger und Wirkstoff zugleich.
– Fette sind die günstigste Energiequelle.
– Mineralstoffe bauen das Skelett auf und steuern lebenswichtige Vorgänge im Stoffwechsel
– Vitamine regeln unverzichtbare Lebensprozesse.

Zwei lassen es sich schmecken

Wachsende Hunde benötigen spezielle Nahrung

Die moderne Tiermedizin hat die Besonderheiten des Hundestoffwechsels genau untersucht. So besteht heute die Möglichkeit, nicht allein den Energiebedarf eines heranwachsenden Hundes genau anzugeben, sondern auch seinen Bedarf an Kohlenhydraten, Eiweißen und Fetten sowie Mineralstoffen und Vitaminen. Dies ist entscheidend, wenn man das Ziel hat, durch eine artgerechte Bilanzierung von Nahrungsbestandteilen eine gesunde Hundeentwicklung zu fördern.

Ein gutes Beispiel dafür ist der Bewegungsapparat. Mit Hilfe von Messungen der Wachstumsgeschwindigkeit der Knochen, Röntgenaufnahmen des Bewegungsapparates, Bestimmungen der Knochendichte, Vergleich von vielen hundert gesund aufgewachsenen Hunden und weiterer Untersuchungsverfahren ist der Bedarf an Kalzium und Phosphor genau festgestellt worden.

Aufgrund dieser Zahlen sind wissenschaftlich exakte Empfehlungen für die Versorgung mit diesen Mengenelementen möglich – und zwar jeden Monat im Leben eines wachsenden Hundes.

Wegen des hohen Bedarfs der Welpen an knochenaufbauenden Mineralstoffen liegt der Kalzium- und Phosphorbedarf in den ersten beiden Lebensmonaten rund viermal höher als beim erwachsenen Hund. Mit zunehmender Mineralisierung der Knochen nimmt er im Laufe des Wachstums stetig ab.

Um ein gleichmäßiges Knochenwachstum und eine gesunde Skelettentwicklung zu erreichen, kann die Versorgung mit Kalzium und Phosphor eigentlich nur durch eine ausgewogene, altersangepaßte Vollnahrung problemlos gewährleistet werden.

Eine Selbstherstellung von Hundenahrung ist wegen der möglichen Unter- oder Überversorgung mit lebenswichtigen Nährstoffen insbesondere bei Welpen sehr kritisch. So ist in „Eigenmischungen" das Kalzium/Phosphor-Verhältnis meist nicht korrekt ausbilanziert.

Die Wachstumsrate junger Hunde und die Unterschiede zwischen einzelnen Hunden werden übrigens nicht allein durch Erbanlagen bestimmt. Auch äußere Faktoren wie Ernährung, Klima oder Krankheiten sind wichtig. Eine optimale Gestaltung der äußeren Einflußfaktoren kann das Wachstum im positiven Sinne beeinflussen – also eine artgerechte, angemessene Ernährung, gute Haltungsbedingungen und eine vernünftige Krankheitsverhütung, zum Beispiel durch Impfungen. Da es bei jedem Hund Unterschiede der äußeren Bedingungen gibt, variiert die Gewichtsentwicklung von Individuum zu Individuum ein wenig. Das bedeutet, daß es immer Abweichungen des altersentsprechenden Körpergewichtes von den wissenschaftlich ermittelten Durchschnittswerten gibt. Diese Unterschiede sind aber nicht nur von wissenschaftlichem Wert. In der Praxis ergeben sich aus den natürlichen Differenzen bei der Wachstumsgeschwindigkeit Unterschiede beim Bedarf der wachsenden Hunde an Energie, Eiweißen und insbesondere auch Mineralstoffen. Dies muß bei der Ernährung von Welpen und Junghunden bedacht und einkalkuliert werden.

Das Verdauungssystem und der Stoffwechsel von Welpen weisen eine Reihe von Besonderheiten auf. Der Magen ist noch relativ klein, so daß nur eine begrenzte Menge Nahrung aufgenommen werden kann. Diese eingeschränkte Speicherfunktion des Magens macht eine häufige Nahrungsaufnahme notwendig.

Einige Körpergewebe beziehungsweise Organsysteme sind während der ersten Lebensmonate ganz besonders auf eine richtig zusammengesetzte Nahrung angewiesen, um sich so entwickeln zu können, wie es die Natur vorgesehen hat. Hierzu gehören Bewegungsapparat, Abwehrsystem, Fortpflanzungssystem, Haut und Fell sowie Lunge und Atemwege. Anders als das Herz-Kreislauf-System des jungen Hundes, das sich schon im Mutterleib fast vollständig entwickelt hat, reift beispielsweise der Bewegungsapparat erst später aus. So sind nach der Geburt zwar sämtliche Knochen beim Welpen angelegt und vorhanden, bestehen aber überwiegend noch aus Knorpel, also einem Gewebetyp, der zwar sehr elastisch ist, jedoch nur eine geringe Festigkeit hat.

Dieses bindegewebige Gerüst wandelt der Organismus nach und nach zum tragfähigen Knochen um, indem er Mineralstoffe – vor allem Kalzium und Phosphor – einlagert. So entwickelt der Junghund im Laufe vieler Monate die biologisch notwendige Festigkeit seiner Knochen. Solange bleibt den noch nicht voll mineralisierten Knochen die Möglichkeit, weiterzu wachsen. Erst gegen Ende der Wachstumsperiode des Hundes verschließen sich die Wachstumsfugen der Knochen, die bis dahin ein Längenwachstum ermöglicht haben.

Im gesamten Zeitraum der Knochenbildung muß also die Zusammensetzung der Nahrung optimal auf die Bedürfnisse des Knochenwachstums eingestellt sein. Junge Hunde haben keinen Schutzmechanismus vor überhöhter Kalziumzufuhr mit der Nahrung wie erwachsene Tiere.

Unter dem Einfluß von Hormonen wird ein eventueller Kalziumüberschuß überwiegend in den Knochen eingelagert, was im Endeffekt zu einer gesteigerten und gleichzeitig gestörten Verknöcherung führt. Die

Mutig, unerschütterlich und robust, so kennt man den Rottweiler

daraus resultierenden Skelettdeformierungen und Bewegungseinschränkungen sind im späteren Lebensalter nicht wiedergutzumachen.

Die Empfehlung, Junghunden eine Kalziumergänzung – selbst bei Verwendung einer vollständigen und richtig bilanzierten Vollnahrung – zukommen zu lassen, ist wissenschaftlich nicht haltbar. Wegen der möglichen Gefahren ist die Gabe von kalziumreichen Nahrungsadditiven deswegen zu vermeiden.

- Wachsende Hunde haben einen höheren Energiebedarf.
- Das heranwachsende Skelett braucht mehr als doppelt so viele Mineralstoffe.
- Spezielle Welpennahrung deckt alle Bedürfnisse ab.

Fertignahrung ist hochwertig, sicher und bequem

Wie wir gesehen haben, benötigen Hunde sehr viele verschiedene Nährstoffe. Diese müssen nicht nur in der optimalen Menge, sondern auch im richtigen Verhältnis zueinander in der Nahrung sein. Hinzu kommen besondere Lebenssituationen wie Wachstum, Phasen hoher körperlicher Belastung, Trächtigkeit oder Alter. Jede dieser Situationen bringt veränderte Nährstoffansprüche mit sich. Verdaulichkeit und Schmackhaftigkeit des Futters sollen auch gewährleistet sein, damit der Hund den Napf leert. Wollten wir unserem Hund selbst die täg-

liche Nahrung bereiten, hätten wir das alles zu beachten. Wir müßten den Gehalt der Ausgangsmaterialien an Eiweißen, Fetten, Mineralstoffen und Vitaminen genau kennen. Wer jedoch mißt die Menge essentieller Aminosäuren oder den Vitamingehalt eines Stückes Fleisch?

Wieviel Kalzium ist denn nun in der Messerspitze Futterkalk enthalten? Und was ist mit der Zeit, die wir für die tägliche Futterration unseres vierbeinigen Freundes benötigen würden?

Am sichersten ist die Verwendung qualitativ hochwertiger Fertignahrung, wie sie von verantwortungsbewußten, erfolgreichen Züchtern emp-

ALTERNATIVE MÖGLICHKEITEN EINER AUSGEWOGENEN ERNÄHRUNG

© EFFEM GmbH

fohlen wird. Alle Nährstoffe sind in richtiger Menge und optimalem Verhältnis enthalten. Man kann genau portionieren, die Fütterung ist sauber, schnell und bequem. Das deutsche Futtermittelrecht regelt die Zusammensetzung streng und genau. Es dürfen nur einwandfreie Rohmaterialien von gesunden Tieren und Pflanzen verwendet werden. Fertignahrung ist also der beste und sicherste Weg, unseren Hund richtig und gesund zu ernähren. Und schmecken wird es ihm ganz gewiß.

- Futterselbstzubereitung ist kompliziert, zeitraubend und erfordert Spezialkenntnisse.
- Fertignahrung ist sicher, hat hohe Qualität und erfüllt alle Nährstoffansprüche des Hundes.

Wichtige Tips zur Fütterung Ihres Hundes

1. Bei der Verwendung von Fertignahrungsmitteln, die als „Alleinfutter" deklariert sind, erhält Ihr Hund alle lebensnotwendigen Nährstoffe in ausgewogener Zusammensetzung für ein langes, gesundes Hundeleben.

2. Ein Welpe braucht zu Beginn seines Lebens etwa doppelt so viele Nährstoffe und Energie wie ein ausgewachsener Hund, deshalb füttern Sie in der Wachstumsphase ein Fertigfutter, welches für wachsende Hunde bestimmt ist.

3. Verwenden Sie als Milchersatz für Saugwelpen nur spezielle Welpenmilchprodukte, Kuhmilch ist auf keinen Fall zu empfehlen, da sie nicht eiweiß- und fettreich genug ist und zu Durchfällen führen kann.

4. Achten Sie darauf, Futterumstellungen langsam und schrittweise über fünf Tage durchzuführen, so daß sich der Verdauungstrakt des Hundes an die neue Nahrung gewöhnen kann.

5. Füttern Sie stets zur gleichen Zeit und möglichst am gleichen Ort weder zu heiß noch zu kalt (nicht direkt aus dem Kühlschrank).

6. Bieten Sie ihrem Hund nur die Futtermenge an, die er auch auffrißt, keine Futterreste stehen lassen.

7. Frisches Wasser zum Trinken sollte Ihr Hund stets zur Verfügung haben.

8. Füttern Sie Fleisch bitte nur im abgekochten Zustand, bei der Fütterung von rohem Fleisch besteht Infektionsgefahr.

9. Bei der Verwendung eines hochwertigen Fertigfutters brauchen Sie keinerlei Zusatzstoffe oder Ergänzungsfuttermittel zusätzlich zu füttern.

10. Bei älteren Hunden ist die Futtermenge in 2-3 Mahlzeiten aufzuteilen. Die verwendeten Eiweiße müssen hochwertig und hochverdaulich sein.

Gesundheit

Vorbeugen ist besser als Heilen

Artgerechte Haltung, Pflege und Ernährung sind Voraussetzungen für die Gesundheit. Das seelische Wohlbefinden des Hundes ist so wichtig wie das körperliche. Der gesunde Hund nimmt aufmerksam und lebhaft Anteil an seiner Umgebung. Er ist kräftig und ausdauernd. In der Ruhe atmet er 10- bis 20mal, das Herz schlägt 70- bis 100mal in der Minute. Die Körpertemperatur liegt um 38,5 °C. Gesundheit ist nicht nur „Freisein von Krankheiten", sie schließt auch Widerstandskraft gegen Infektionen ein.

Das Haarkleid schützt nicht nur gegen Wind und Wetter, es ist auch Zeichen von Gesundheit. Stumpfes Haar, ständiger Haarausfall und starker Geruch deuten auf innere Erkrankungen hin. Die Haut soll frei von Schuppen und Rötungen sein, kein Juckreiz soll den Hund plagen.

Flöhe, Läuse und Haarlinge kann auch der gepflegteste Hund von einer Hundebegegnung mitbringen. Bei Juckreiz wird als erstes die Haut auf Flohstiche – bis zu linsengroße, geschwollene Rötungen – und das Fell auf Parasitenkot – kleine schwarze

Pünktchen – abgesucht. Lieblingssitze der ungebetenen Gäste sind die Innenflächen der Hinterbeine, die „Achselhöhlen" und die Ohrmuscheln. Bei leichtem Befall genügt ein Flohpuder oder -spray. Wirksamer sind Waschlösungen, die das Fell bis auf die Haut benetzen, oder verschreibungspflichtige Mittel, die auf die Haut getropft werden und bis zu vier Wochen wirken. Das Ablecken solcher Mittel muß aber unbedingt verhindert werden. „Anti-Floh-Halsbänder" geben bis zu vier Monaten gas- oder puderförmige Wirkstoffe ab. In Hundehütten können bei einigen Halsbändern Giftgaskonzentrationen auftreten, die auch für den Hund bedenklich sind. Manche Halsbänder verlieren zudem durch Nässe an Wirksamkeit. Bei Flohbefall muß immer das Lager des Hundes mitbehandelt werden. Moderne Spezialmittel töten dabei nicht nur „erwachsene" Flöhe, sondern stoppen auch die weitere Entwicklung der Flohlarven. Hundedecken werden am besten ausgekocht, Teppiche regelmäßig gesaugt und Stroh in der Hütte gewechselt.

Zecken lassen sich aus dem Gebüsch auf den Hund fallen, beißen sich in der Haut fest und saugen sich mit Blut voll. Je länger sie saugen, desto größer ist in bestimmten verseuchten Gegenden die Gefahr, daß eine für Hunde gefährliche Infektionskrankheit, die Borreliose, übertragen wird. Deshalb sollten Zecken so rasch wie möglich entfernt werden. Sie dürfen aber nicht einfach ausgerissen werden, weil dabei die Beißwerkzeuge in der Haut steckenbleiben und Entzündungen verursachen können. Am besten erfaßt man die Zecke mit einer Spezialpinzette und hebelt sie drehend aus der Haut heraus. Auf keinen Fall darf eine Zecke mit Alkohol betäubt oder mit Öl erstickt werden. Im Todeskampf gibt sie ihren Speichel in die Blutbahn des Hundes ab und damit eventuell Erreger einer Infektion. Inzwischen gibt es, allerdings nur beim Tierarzt, ein Anti-Zecken- und -Flohhalsband, das den Befall mit Zecken weitgehend und das Blutsaugen sicher verhindert.

Die Ohren sollten alle vier Wochen gereinigt werden. Mit Wattestäbchen kann man das Trommelfell zwar kaum verletzen, das Ohrenschmalz aber in der Tiefe zusammenstopfen. Besser ist ein alkoholischer Ohrreiniger, der randvoll ins Ohr eingegossen und bei zugedrückter Ohrmuschel durchmassiert wird. Das gelöste Ohrenschmalz kann der Hund dann selbst ausschütteln, vorzugsweise im Freien.

Dunkle, übelriechende Beläge im Ohr zeigen eine Entzündung an. Meist wird sich der Hund dann auch am Ohr oder – scheinbar – am Halsband kratzen und den Kopf schütteln. Ursache des „Ohrenzwanges" können Ohrenmilben, Grasgrannen oder andere Fremdkörper sowie Bakterien und Pilze sein. Wenn zwei- bis dreimalige gründliche Reinigung mit dem Ohrreiniger keine Besserung bringt, ist eine gezielte Behandlung erforderlich.

Die Augen werden mit einem Stückchen Mullbinde oder einem Taschentuch vom „Schlaf" gereinigt. Fusseln von Watte oder Papiertaschentüchern reizen die Schleimhäute. Bindehautentzündungen können auch durch Zugluft, Staub oder starke Sonne verursacht werden. Zur Linderung werden Augentropfen in den heruntergezogenen Bindehautsack geträufelt. Borwasser wird heute nicht mehr verwendet, weil feine Kristalle als Fremdkörper wirken können. Länger andauernder wäßriger, schleimiger oder eitriger Augenausfluß sollte nicht mit Hausmitteln kuriert werden. Es könnte eine Infektion vorliegen. Wucherungen auf der Rückseite der Nickhaut müssen meist operativ behandelt werden.

Die Zähne werden durch Hundekuchen oder Knochen ausreichend gereinigt. Auch die Tortur des Zähneputzens kann Zahnstein kaum verhindern. Zur Entfernung weicher Beläge eignet sich am ehesten ein Wattebausch, getränkt mit dreiprozentiger Wasserstoffsuperoxydlösung.

Zahnstein ist ein fest anhaftender brauner Belag aus verhärteten Salzen. Fauliger Mundgeruch durch Zahnfleischentzündungen und -vereiterungen sowie Zahnausfall sind die Folgen. Zahnstein sollte frühzeitig fachkundig entfernt werden.

Lose Zähne müssen gezogen werden. Da der Hund keine Beute jagen, festhalten oder zerreißen muß, kann er auf schmerzende Zähne gut verzichten. Nach Entfernung der Eiterherde wird er sich auch allgemein wohler fühlen, denn sie können den Körper vergiften und zum Beispiel chronische Herzklappenentzündungen auslösen.

Die Analbeutel sollen eigentlich bei jedem Kotabsatz eine individuelle Duftmarke zur Revierkennzeichnung hinterlassen. Infolge der Domestikation funktioniert die Entleerung häufig nicht richtig. Sekretstauungen sind die Folge; den Juckreiz versucht der Hund vergeblich durch Rutschen auf dem After zu beseitigen. Dieses „Schlittenfahren" ist entgegen landläufiger Vermutung fast nie auf Wurmbefall zurückzuführen. Stark gefüllte Analbeutel müssen fachkundig ausgedrückt, vereiterte müssen tierärztlich behandelt werden.

Die Krallen werden nur bei regelmäßigem Auslauf auf hartem Untergrund ausreichend abgelaufen. Nur bei krankhaftem Hornwachstum oder Stellungsfehlern müssen sie geschnitten werden. Dabei soll die in der Kralle verlaufende Ader nicht verletzt werden. „Wolfskrallen", Überbleibsel der an sich verkümmerten fünften Zehe an Vorder- und Hinterläufen, können bei Verletzungen stark bluten. Sie sollten vorsorglich amputiert werden. Das geschieht üblicherweise schon bei neugeborenen Welpen.

Erste Hilfe tut not

Hautverletzungen müssen genau inspiziert werden. Oberflächliche Abschürfungen und Schrunden können mit Hausmitteln behandelt werden. Auf jeden Fall werden im Bereich der Verletzungen die Haare mit einer gebogenen Schere kurz abgeschnitten. Sie verkleben sonst mit dem Wundsekret; Vereiterung ist die Folge. Die Wunde wird mit Wundgel, -spray oder -tinktur behandelt. Fetthaltige Salben behindern den heilungsfördernden Luftzutritt, Puder verkrustet.

Bei tieferen Wunden mit Durchtrennung der Haut sollte umgehend ein Tierarzt hinzugezogen werden. Bei Beißereien und Stacheldrahtverletzungen wird die Haut oft vom Körper losgerissen, so daß tiefe Taschen zu versorgen sind. Von Fall zu Fall ist zu prüfen, ob eine „offene Wundbehandlung" oder eine Naht besser ist. Nur frische Wunden können mit Aussicht auf komplikationslose Heilung genäht werden.

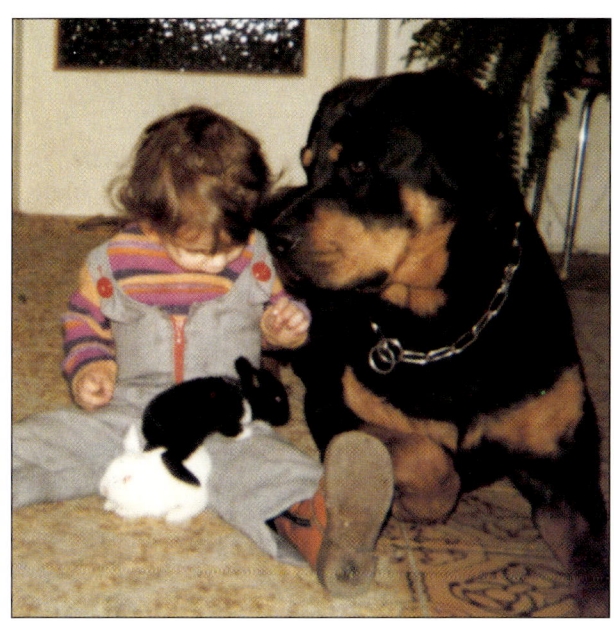

Hüteaufgaben
besonderer Art für
unseren Rottweiler

Eine offene, aus der Tiefe nässende oder eiternde Wunde darf der Hund belecken. In allen anderen Fällen wird die Wundheilung behindert, weil die zarten Heilungszellen am Wund-rand gestört werden. Das Belecken von Wunden und das Abreißen von Verbänden können durch einen Halskragen verhindert werden, den es fix und fertig vom Tierarzt gibt.

Wundstarrkrampf ist beim Hund selten. Impfungen sind daher nicht üblich. Zur Vorbeugung sollen Wunden ausbluten und nicht luftdicht abgedeckt werden. Wenn größere Adern verletzt sind, kommt es zu andauernden, starken Blutungen. Häufig tritt Blut im Strahl aus. Dann muß zur Ersten Hilfe ein Druckverband angelegt werden. An ungünstigen Körperstellen wie am Kopf kann auch von Hand eine Kompresse aufgedrückt werden. Gliedmaßen können abgebunden werden, die Abbindung muß aber viertelstündlich kurz gelöst werden. In solchen Fällen ist stets umgehend tierärztliche Hilfe erforderlich.

Unfälle können auch zu inneren Verletzungen und Gehirnerschütterungen führen. Bei Bewußtseinstrübungen soll nie Flüssigkeit eingeflößt werden. Die Maulschleimhaut kann

69

aber mit Kaffee, Tee oder auch einfach mit Wasser befeuchtet werden. Der Hund wird vorsichtig getragen oder seitlich mit tiefliegendem Kopf und herausgezogener Zunge auf einer Decke gelagert, die, von zwei Personen an den Ecken strammgezogen, auch als „Tragbahre" dient. Am Unfallort sind meistens die Diagnose und vor allem eine wirksame Schockbehandlung erschwert. Telefonisch sollte zur Vermeidung unnötiger Wege und Zeiten ein dienstbereiter Tierarzt verständigt und umgehend aufgesucht werden.

Lahmheiten können viele Ursachen haben. Als erstes wird die Pfote untersucht. Dornen oder Splitter werden ausgezogen. Verfilzte Haare drücken zwischen den Ballen wie ein Stein im Schuh; sie werden daher vorsichtig ausgeschnitten. Wunde Stellen werden wie Hautverletzungen behandelt. Im Winter müssen Streusalzreste von den Pfoten abgewaschen werden. Bei Krallenbettentzündungen können warme Kamillen- oder Seifenbäder Linderung bringen. Lose Krallenteile werden an der Bruchstelle beherzt abgeschnitten. In vielen Fällen ist ein Verband erforderlich. Er muß fachkundig angelegt werden, um Druckstellen zu vermeiden. Bei Schwellungen, Prellungen und Verstauchungen kann das Fell des betroffenen Körperteils mehrmals täglich mit kaltem Wasser durchnäßt werden. Das wirkt wie ein Kühlverband, lindert den Schmerz und hemmt – frühzeitig angewendet – weitere Schwellungen. Wenn ein Bein überhaupt nicht belastet wird, besteht Verdacht auf Knochenbruch. Bei stark abnormer Beweglichkeit können die Gliedmaße durch eine Notschiene ruhiggestellt werden. Andauernde, wiederkehrende oder sich verschlimmernde Bewegungsstörungen sind stets ein Fall für den Tierarzt. Das Humpeln auf einem Hinterbein wird nicht selten durch eine Ausrenkung der Kniescheibe oder durch Riß von Bändern bedingt, die operativ fixiert werden müssen.

Vergiftungen sind meist „Unglücksfälle" und nur selten böse Absicht. Rattengift kann bei unsachgemäßem Auslegen direkt, aber auch mit vergifteten Nagetieren aufgenommen werden. Meist handelt es sich um Cumarinpräparate, die zu inneren Blutungen führen. Vorsicht ist auch bei Schädlings- und Unkrautbekämpfungs- sowie bei Frostschutzmitteln geboten. Hochgiftige Thallium-, Zinkphosphid- und Arsenzubereitungen, Blausäure und Strychnin sind heute gottlob kaum noch erhältlich. Die besten Überlebenschancen bestehen, wenn man „nach frischer Tat" das Gift wieder aus dem Magen herausbefördern kann. Der Tierarzt kann Erbrechen durch eine Spritze auslösen, der Laie durch Eingeben von zwei bis drei Teelöffeln Salz. Nach dem Erbrechen kann eine Aufschwemmung von etwa zehn Kohlekompretten eingeflößt werden. Milch wird nicht gegeben, weil verschiedene Gifte fettlöslich sind. Etwa vorhandene Hinweise auf die Art des Giftes ermöglichen eine rechtzeitige, gezielte tierärztliche Behandlung. Ungewisser sind die Aussichten, wenn Vergiftungsfolgen wie Krämpfe, Mattigkeit oder Brechdurchfall schon eingetreten sind, die Ursache aber nur vermutet werden kann. Eine genaue Diagnose ist oft erst durch Spätschäden wie Blutungen oder Haarausfall möglich. Dann kann es für eine Rettung bereits zu spät sein.

Durchfall ohne Fieber bessert sich häufig nach einem Fastentag: Der Hund erhält ausschließlich stark verdünnten Tee mit einer Prise Salz, aber ohne Zucker. Zur Geschmacksverbesserung ist Süßstoff erlaubt. Zusätzlich ist es nie verkehrt, eine Aufschwemmung von Kohlekompretten einzugeben. Keinesfalls darf Durchfall mit Wasserentzug „behandelt" werden; der Körper würde zu stark austrocknen. Am zweiten Tag erhält der Hund in kleinen Portionen ein Diätfutter, zum Beispiel Beefsteakhack, Schmelzflocken und rohen geriebenen Apfel. Am dritten Tag muß der Kot zumindest wieder dickbreiig sein.

Verstopfungen lassen sich oft durch rohe Leber oder Milz oder einige Teelöffel süßer Dosenmilch beheben. Bei krampfhaft vergeblichem

Drängen kann ein Mikroklistier Erfolg bringen. Bei einer Verhärtung von Knochenteilen im Enddarm hilft allerdings meist nur ein fachgerechter Einlauf.

Erbrechen ist keine selbständige Krankheit. Einmaliges Erbrechen kann durch zu hastiges Fressen, zu kaltes Futter oder Aufnahme von Fremdkörpern ausgelöst werden. Gelegentliches Erbrechen ist beim Hund ohne große Bedeutung. Um zu erbrechen frißt der Hund häufig Gras. Geschieht das regelmäßig oder wird ständig das Futter erbrochen, muß ein Tierarzt hinzugezogen werden. Auch Durchfall und Erbrechen mit Fieber sind kein Fall für Hausmittel.

Scheinschwangerschaft tritt bei manchen Hündinnen etwa acht Wochen nach der Läufigkeit auf. Sie sind unruhig, „bemuttern" irgendwelche Gegenstände, fressen schlecht und erbrechen gelegentlich. Das Gesäuge schwillt, Milch bildet sich. Abhilfe schafft häufig wenig Fressen und Trinken bei viel Bewegung und Beschäftigung. Das Gesäuge kann mehrmals täglich mit kaltem Wasser befeuchtet werden, um Schwellung und Milchproduktion zu hemmen. Keineswegs soll die Milch ausgedrückt werden. Damit würde nur die weitere Milchbildung angeregt. Bei sehr starker Gesäugeschwellung und trotz Hausmitteln nicht nachlassenden Erscheinungen muß der Tierarzt verständigt werden.

Insektenstiche, vor allem durch das Schnappen nach Wespen und Bienen verursacht, können schnell zu erheblichen Schwellungen am Kopf oder, noch schlimmer, im Rachen führen. Äußerliche Kühlung mit Eiswürfeln und eine Tablette gegen Allergie ersparen oft nicht die möglichst rasche tierärztliche Behandlung.

Alarmzeichen

Fieber ist eine Abwehrreaktion des Körpers, meist auf Infektionen. Die Hundenase kann auch beim kranken Hund feucht und kühl sein. Die Temperatur muß mit einem Fieberthermometer (je nach Modell bis zu fünf Minuten) im Mastdarm gemessen werden. Sie darf nicht über 39 °C liegen. Untertemperaturen unter 37,5 °C entstehen infolge einer Reduzierung der Stoffwechselvorgänge häufig vor dem Tod.

Husten, als ob ein Knochen im Hals säße, tritt bei Mandelentzündungen auf. Ernstere Infektionen wie Zwingerhusten oder gar Staupe könnten auch vorliegen. Pumpende Atmung entsteht durch eine Lungenentzündung, aber auch durch Wasseransammlung in der Lunge, zum Beispiel infolge von Vergiftungen. Bei alten Hunden kann der damit verbundene Husten auch auf eine Herzschwäche zurückzuführen sein. Bauchpressen und Aufblasen der Backen sind Zeichen höchster Atemnot.

Ausflug im Winter

Schleimhäute im Auge und im Fang geben Hinweis auf innere Erkrankungen: Blässe deutet auf Blutarmut hin, Gelbfärbung auf Leberschäden mit Gelbsucht, Blutungen auf schwere Infektionen oder Vergiftungen, eine bläuliche Färbung tritt bei Herz- und Kreislaufschwäche auf.

Kot und Urin mit Blutbeimengungen lassen krankhafte Veränderungen erkennen. Bei Blutungen im Magen und in den vorderen Darmabschnitten kann der Stuhl durch das verdaute Blut pechschwarz aussehen. Nierenerkrankungen können auch mit erhöhtem Durst verbunden sein. Wenn Mattigkeit und Mundgeruch hinzukommen, ist meist bereits eine Harnvergiftung eingetreten.

Harnsteine, Blasenriß oder Vergiftungen können dazu führen, daß überhaupt kein Urin mehr abgesetzt wird; dann besteht höchste Gefahr. Geschwülste, Prostatavergrößerungen und Mastdarmveränderungen erschweren den Kotabsatz. Verhärtete Knochenteile können den Enddarm völlig verstopfen. Erbrechen und zunehmende Mattigkeit bei fehlendem Kotabsatz sprechen für Darmverschluß oder einen Fremdkörper im Darm.

Speicheln wird im harmlosesten Fall durch Fremdkörper in der Maulhöhle oder durch lose Zähne verursacht, bedenklicher wäre eine E 605-Vergiftung oder Pseudowut, schlimmstenfalls ist an Tollwut zu denken.

Umfangsvermehrungen des Bauches bei sonst normalem Ernährungszustand oder zunehmender Abmagerung können durch Tumore oder Bauchhöhlenwasser hervorgerufen werden. Bei einer Gebärmuttervereiterung besteht gleichzeitig fast immer starker Durst, gelegentlich auch Scheidenausfluß. Eine plötzliche Aufblähung des Bauches mit Kolik und Kreislaufschwäche, bedingt durch eine Magendrehung, erfordert unverzügliche Operation. Eine Entzündung der Kaumuskeln mit Schwellung und Verhärtung sowie hervortretenden Augäpfeln muß sofort tierärztlich behandelt werden.

Infektionen bedrohen die Gesundheit

Staupe und ansteckende Leberentzündung (Hepatitis) sind Viruskrankheiten, die für Junghunde besonders gefährlich sind, aber auch ältere Hunde befallen. Staupe beginnt mit einem häufig kaum merkbaren, kurzen Fieber, dem nach etwa acht Tagen eine schwere Lungenentzündung mit eitrigem Augen- und Nasenausfluß oder ein Durchfall folgt. Eine besondere Verlaufsform ist mit einer Verhärtung der Ballen verbunden. Nach scheinbarer Besserung treten nervöse Erscheinungen bis hin zu Krämpfen auf, die meistens zum Tod führen. Nach überstandener Staupe bleibt häufig ein nervöses Zucken der

Kopfmuskeln, der „Staupetick", nach Erkrankungen im Junghundealter das „Staupegebiß" mit erheblichen Zahnschmelzdefekten zurück. Die ansteckende Leberentzündung verläuft ähnlich, mit hohem Fieber, Apathie und Appetitlosigkeit. Hornhauttrübungen können bleibende Folgeschäden sein.

Stuttgarter Hundeseuche (Leptospirose) wird durch Bakterien verursacht und von Hund zu Hund übertragen. Sie beginnt häufig mit einer Schwäche in den Hinterbeinen. Geschwüre im Maul, Magen und Darm sind mit aasartig-faulem Maulgeruch und blutigem Durchfall verbunden.

Tollwut tritt bei Hunden nur noch selten auf. Die Seuche wird vor allem durch Füchse übertragen. Hinweisschilder warnen in gefährdeten Gebieten vor Tollwut. Die Krankheit ist besonders tückisch: Die typischen Wuterscheinungen mit heiserem Gebell, Wasserscheue, Unruhe und unmotivierter Beißwut fehlen häufig. Die „stille Wut" ist im Anfangsstadium schwer zu erkennen. Ein erkranktes Tier stirbt immer.

Parvovirose ist eine Viruskrankheit, die sich bei Hunden aller Al-

Unser Rottweiler als Leistungssportler

tersgruppen in schweren, durch Erbrechen und Durchfall gekennzeichneten Erkrankungen äußert. Bei Welpen kann plötzlicher Herztod auftreten. Der Erreger ähnelt dem Katzenseuchevirus; eine wechselseitige Ansteckung zwischen Hund und Katze ist jedoch nicht möglich. Die Ansteckung erfolgt über Ausscheidungen von Hund zu Hund, aber auch durch Verschleppung angetrockneter Ausscheidungen, zum Beispiel an Kleidungsstücken.

Impfungen schützen vor diesen Infektionskrankheiten

Welpen in gefährdeten Zuchten oder ungeimpfte Hunde mit verdächtigen Krankheitserscheinungen können mit einem Serum behandelt werden, das fertige spezifische Abwehrstoffe enthält. Diese „passive Immunisierung" schützt aber nur für zwei bis drei - Wochen. Der Käufer eines Hundes sollte den Impfpaß daraufhin genau prüfen.

Länger dauernden Schutz vermittelt nur die „aktive" Schutzimpfung. Dabei werden abgeschwächte oder abgetötete Infektionserreger eingeimpft. Der Körper reagiert darauf mit der Bildung eigener Abwehrstoffe. Bei den heute üblichen Kombinationsimpfstoffen kennzeichnen die Buchstaben S, H, L, T und P die

Wirksamkeit gegen die in Frage kommenden Seuchen.

Welpen werden mit sechs bis acht Wochen das erste Mal geimpft und müssen dann mit etwa zwölf Wochen nach Impfplan nachgeimpft werden. Auch bei älteren, noch nicht geimpften Hunden empfiehlt sich eine zweimalige Grundimmunisierung, um einen umfassenden Impfschutz gegen alle Infektionskrankheiten aufzubauen.

Der einmal gebildete Impfschutz baut sich im Laufe der Zeit ab. Kommt der Hund mit betreffenden Seuchenerregern in Berührung, so wird die Antikörperbildung aufgefrischt. Ist der Impfschutz aber bereits zu stark abgesunken, kann der Hund erkranken. Deshalb sind regelmäßige Auffrischungsimpfungen erforderlich, am besten jährlich mit einem Kombinationsimpfstoff. Denn die Tollwutimpfung wird ohnehin nur für ein Jahr anerkannt, die Leptospiroseimpfung wirkt nicht länger, und gegen die seit einiger Zeit wieder bedrohlich zunehmende Staupe gilt es, auf Nummer Sicher zu gehen.

Ein sicherer Impfschutz des Hundes ist auch für den Menschen wichtig. Erkrankte Hunde können Leptospiren übertragen, die beim Menschen das „Canicola-Fieber" oder die „Weilsche Krankheit" hervorrufen. Hundetollwut ist wegen des engen Kontaktes für Menschen viel gefährlicher als Wildtollwut. Geimpfte

Ein Agility-Parcours besteht aus bis zu 20 Hindernissen

Hunde übertragen keine Tollwut. Nach einem Kontakt mit verdächtigem Wild brauchen sie deshalb auch nicht getötet zu werden, wie dies für ungeimpfte Hunde gesetzlich vorgeschrieben ist.

Gegen andere Infektionen schützt Vorsicht

Toxoplasmose wird durch einzellige Schmarotzer hervorgerufen. Ihr Stammwirt ist die Katze. Bei anderen Tieren werden ansteckungsfähige Dauerformen gebildet. Hunde erkranken überwiegend durch infiziertes Schweinefleisch. Für die Ansteckung des Menschen wurden sie früher zu Unrecht verantwortlich gemacht.

Aujeszkysche Krankheit wird ebenfalls durch Schweinefleisch übertragen. Unstillbarer Juckreiz, Unruhe, Ängstlichkeit und Speichelfluß haben gewisse Ähnlichkeit mit Tollwut. Die Krankheit wird daher auch „Pseudowut" genannt. Schweinefleisch und in der Zusammensetzung unbekannte Fleischmischungen, zum Beispiel aus Supermärkten, müssen deshalb gut durchgekocht werden. Fertigfutter und Rindfleisch sind dagegen unbedenklich.

76

Zwingerhusten tritt vor allem in Tierheimen und Hundehandlungen auf. Unter begünstigenden Umständen lösen Viren und Bakterien gemeinsam Entzündungen von Luftröhre und Bronchien aus. Kennzeichnend ist ein kurzer, trockener Husten. Sekundärinfektionen können den Krankheitsverlauf verschlimmern. Während des Urlaubs sollte man seinen Hund nicht in unbekannte Heime oder Pensionen geben oder ihn vorsorglich auch gegen Zwingerhusten impfen lassen.

Wurmkuren gegen unerwünschte Kostgänger

Spulwürmer können bei Junghunden zu Verdauungs- und Entwicklungsstörungen, zu Vergiftungserscheinungen und sogar zum Tod führen. Fast alle Welpen werden im Mutterleib mit Spulwürmern infiziert. Die ersten Wurmkuren soll schon der Züchter durchführen. Junghunde werden vierteljährlich entwurmt. Ältere Hunde beherbergen nur noch einzelne Würmer. Sie richten zwar keinen großen Schaden an, sind aber eine ständige Infektionsquelle. Hündinnen sollten zumindest sechs Wochen nach jeder Läufigkeit, Rüden mindestens einmal jährlich entwurmt werden.

Bei festgestelltem Wurmbefall ist eine sofortige Entwurmung mit einer Wiederholungsbehandlung nach zwei bis drei Wochen erforderlich. Rohe Möhren garantieren keine Wurmfreiheit. Wirksame und verträgliche Mittel sind verschreibungspflichtig. Sie wirken auch gegen andere Rundwurmarten, zum Beispiel gegen Hakenwürmer.

Spulwürmer sind auf ihre Wirtstierarten spezialisiert; wenn der Mensch Hundespulwurmeier aufnimmt, schlüpfen zwar Larven und beginnen ihre Wanderung im Körper, sie bleiben jedoch in Organen oder Muskeln stecken und können dort schmerzhafte Entzündungen verursachen. Besonders gefährdet sind „Krabbelkinder". Wurmkuren dienen daher auch dem Gesundheitsschutz der Familie.

Bandwürmer brauchen für ihre Entwicklung stets einen Zwischenwirt. Für den Hundebandwurm ist dies der Floh. Er nimmt die Wurmeier auf, aus denen sich eine Finne entwickelt. Der Hund „knackt" den Floh, die Finne wächst im Hundedarm zum fertigen Bandwurm aus. Mit dem Kot erscheinen nach geraumer Zeit einzelne kürbiskernförmige, anfangs noch bewegliche Bandwurmglieder oder ein längeres, deutlich gegliedertes Wurmende.

Es gibt heute neben speziellen Spulwurm- und Bandwurmmitteln auch Präparate, die gegen beide Parasitenformen wirksam und dabei gut verträglich sind. Empfehlenswert ist eine systematische vierteljährliche

Bandwurmbehandlung des Hundes. Zur Bandwurmkur gehört stets eine Flohbehandlung von Hund und Lager.

Besonders bei Jagdhunden kann auch der „gesägte Bandwurm" auftreten, dessen Zwischenwirte Hasen und Kaninchen sind. Andere Bandwurmarten, die durch Fisch oder Wild, Rinder- oder Schafeingeweide übertragen werden, kommen seltener vor. Dazu zählt der „dreigliedrige Bandwurm", der auch dem Menschen gefährlich werden kann. Der Hund sollte zur Vorbeuge keine rohen „Konfiskat"-Innereien erhalten und daran gehindert werden, Kadaver von Wildtieren anzufressen. Für Menschen besonders gefährlich ist der vor allem in einigen Gegenden Mittel- und Süddeutschlands verbreitete „Fuchsbandwurm", der auch durch Hunde übertragen werden kann. Neben regelmäßigen Bandwurmkuren ist es die beste Vorbeuge, den Hund in Wald und Flur anzuleinen.

Müde nach der Wanderung

Gefahren für die menschliche Gesundheit?

Impfungen und Wurmkuren schränken Ansteckungsgefahren ein. Hygiene tut ein übriges: Selbstverständlich hat der Hund sein eigenes Lager und Futtergeschirr; beides ist peinlich sauber. Rasen und Wege werden von Hundekot freigehalten. Der Hund wird so erzogen, daß er das Gesicht nicht ableckt. Das Belecken der Hände ist Ausdruck seiner Zuneigung. Man darf sie dulden, denn man kann sich die Hände anschließend waschen. Vorsichtige können Lager, Hütte und andere hygienegefährdete Stellen und Gegenstände regelmäßig desinfizieren.

Die Mittel sollen gegen Viren, Bakterien und Pilze wirken. Zur Schnelldesinfektion eignet sich besonders ein Spray, der auch Ektoparasiten abtötet. Besonders angezeigt sind solche Maßnahmen, wenn der Hund eiternde Wunden, Ekzeme, Furunkel oder eine Vorhaut-, Zahnfleisch- oder Mandelentzündung hat. Diese Infektionen sind konsequent zu behandeln. Eitererreger können auch beim Menschen Komplikationen verursachen.

Vorsicht ist stets bei schlecht heilenden oder sich ausbreitenden Ekzemen geboten: Räudemilben sind zwar auf Tierarten „spezialisiert", können jedoch auch beim Menschen juckende Hautrötungen verursachen. Hautpilzinfektionen sind auf Menschen übertragbar.

Daher sollte man umgehend eine Spezialuntersuchung und Behandlung veranlassen. Pilzinfektionen entstehen nur, wenn sich die Erreger länger als 12 bis 24 Stunden auf der menschlichen Haut einnisten können. Gründliches Waschen bannt die Gefahr. Zusätzliche Sicherheit bietet ein Handdesinfektionsmittel, das nach Berührung verdächtiger Stellen oder Ausscheidungen in die Hände eingerieben wird.

Allergien sind auch durch größte Sauberkeit nicht immer zu vermeiden. Einige Menschen reagieren bei Kontakt mit Tierhaaren und -hautteilen mit Ausschlägen oder Atembeschwerden. Katzen, Meerschweinchen und Vögel sind viel öfter als Hunde die Auslöser; viele andere pflanzliche und tierische Stoffe kommen hinzu. Die Allergieursache kann von einem Hautarzt durch Spezialtests auf der Haut ermittelt werden. Auf Verdacht braucht also kein Hund abgeschafft zu werden. Und vor der Anschaffung eines Rottweilers brauchen auch gesundheitsbewußte Hundefreunde nicht zurückzuschrecken.

Ein treuer Gefährte

Der Rottweiler im Alter

Eines Tages entdecken Sie die ersten weißen Haare im Gesicht Ihres Rottweilers, Sie denken sich nichts dabei, der Hund ist ja noch so jung, erst 6 oder 7 Jahre alt, noch voller Leben, dynamisch in der Bewegung und mit wachem Ausdruck in den Augen. Doch halt, ist da nicht ein leichter Schleier über dem einen Auge?

Auch die Hitzeempfindlichkeit hat zugenommen, die Schlafperioden sind länger geworden. Jetzt ist es langsam an der Zeit, den Beginn des Alterns zur Kenntnis zu nehmen und sich den geänderten Bedürfnissen des Hundes anzupassen. Es gibt viele Tabellen über die Vergleiche zwischen Menschenalter und Hundealter. Mir gefällt diese aus einer französischen Hunde-Enzyklopädie besonders gut (S. 82):

Nach dieser Tabelle entspricht ein Rottweiler mit 6 Jahren einem Menschen im Alter zwischen 40 und 50 Jahren. Es ist an der Zeit, mit dem Tierarzt über die Fütterung zu sprechen.

Es wird vielleicht notwendig sein, die täglichen Futtermengen zu reduzieren, bzw. die Futterzusammensetzung zu verändern, die Fütterung auf zweimal täglich zu verteilen und auch eventuell Vitaminpräparate zu verabreichen. Altern ist keine Krankheit!! Das erklärt man auch uns Menschen – aber man muß zur Kenntnis nehmen, daß sich sowohl der Körper und dessen Beanspruchbarkeit als auch die Psyche mit zunehmendem Alter verändert. Unserem Partner Hund ergeht es nicht anders. Er bedarf jetzt noch mehr Zuwendung und Streicheleinheiten als in Zeiten des „wilden, stürmischen Lebens". Die Fellpflege wird zum wohltuenden Ritual mit dem Massagehandschuh, der die Haut zur besseren Durchblutung anregt, wobei die Muskeln sich angenehm entspannen.

Anstatt langer Spaziergänge ist es ratsam, öfters am Tage „Gassi" zu gehen, denn auch die Harnblase muß im Alter öfters entleert werden. Es ist selbstverständlich, daß man über die heißen Stunden des Tages unseren „Rotti" im Kühlen beläßt. Man gewöhnt sich an, den alternden Hund intensiver zu beobachten, um eventuell auftretende Unpäßlichkeiten und Veränderungen, sowohl im Benehmen, an der Haut und am Bewegungsapparat schon im Anfangsstadium zu erkennen, um rechtzeitig den Tierarzt aufzusuchen.

Der Zahnpflege ist besonderes Augenmerk zu schenken, da Zahn-

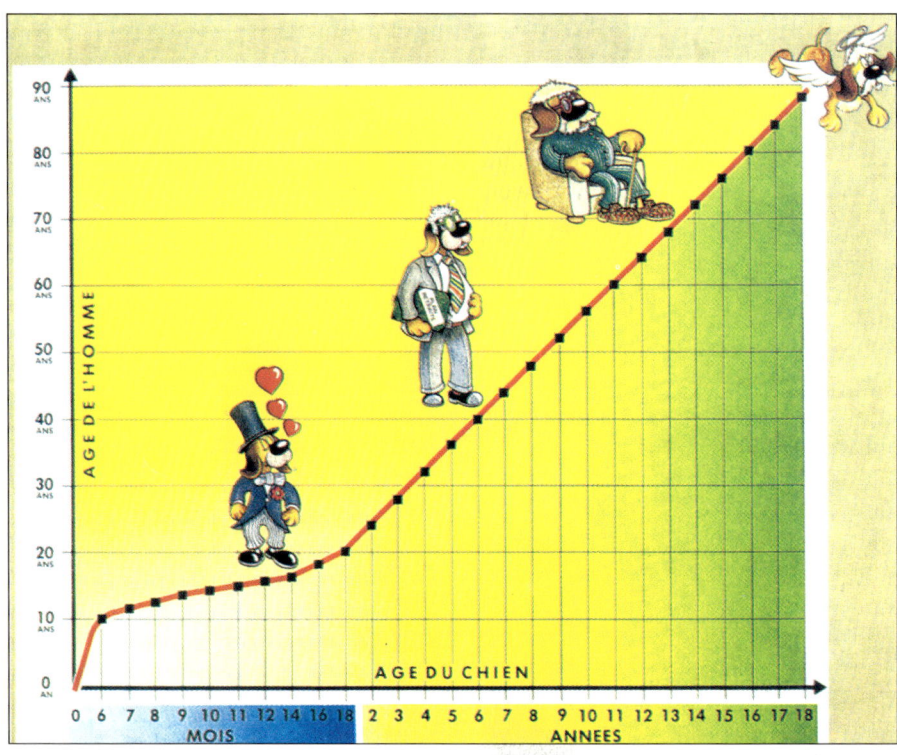

Entwicklungsvergleich Hund – Mensch. Die vertikale Achse gibt das Menschenalter in Jahren, die horizontale das Hundealter für die ersten zwei Jahre in Monaten, danach gleichfalls in Jahren an (aus: Le Grand Livre d'Or du Chien).

steinbildung und übler Maulgeruch in Verbindung mit Zahnfleischerkrankungen im Alter vermehrt auftreten. Da das Hörvermögen im höheren Alter abnehmen kann, kann es sein, daß unser „Rotti" nur verzögert oder auch gar nicht auf unsere Hörzeichen reagiert. Doch manchmal stellt er sich nur „taub", ist versponnen in einer liebenswerten Altersstarrsinnigkeit, will in seiner Ruhe nicht gestört werden. Jede Strafe wäre jetzt völlig fehl am Platze, der Partner Mensch muß sich etwas Neues einfallen lassen, ein neues Spiel mit dem Lieblingsspielzeug oder lockende, wohltuende Worte. Je nach Stimmung oder Verfassung wird unser Freund auf diese oder jene Variante reagieren.

Das gegenseitige Verstehen und die Vertrautheit nehmen mit fortschreitendem Alter zu, die turbulenten Jahre werden von einer ruhigen Zeitspanne abgelöst. Uns Menschen stimmt es manchmal traurig, wenn der Gedanke kommt: „Wie lange bleibst du mir?" Die Jahre verfliegen so schnell, es ist, als wäre es gestern gewesen, daß du als tapsiger Welpe ins Haus gekommen bist. Eigentlich habe nicht ich dich, sondern du mich erzogen, nämlich zu Selbstdisziplin und Verständnis.

Genießen Sie jeden Tag des Beisammenseins und verwöhnen Sie Ihren treuen Freund, solange er Freude am Hundeleben mit allen seinen Höhepunkten, der Lust an der Bewegung, am Fressen und am Spielen hat.

Wenn er unheilbar erkrankt und nur unter Schmerzen dahinvegetiert, wenn ihn jede Lebenslust verlassen hat, dann ist es an der Zeit, der Verantwortung die man von dem Zeitpunkt an, als das kleine „Fellbündel" ins Haus gekommen ist, übernom-

Ein Charakterkopf

men hat, bis zur letzten bitteren Konsequenz gerecht zu werden.

Nur Sie, der Sie den Hund genau kennen, haben das Gefühl, wann es soweit sein muß, um ihn vom Tierarzt von seinen Schmerzen erlösen zu lassen. Es ist Ihre Verpflichtung, halten Sie Ihren Hund im Arm, es wird ihn beruhigen, und schämen Sie sich Ihrer Tränen nicht. Es wird einige Zeit dauern, bis der Leidensdruck von Ihnen gewichen ist und Sie wieder mit leiser, aber beglückender Wehmut an Ihren Freund zurückdenken können. Aber das ist dann sicherlich der Zeitpunkt, wo wiederum ein kleines „Fellbündel" an Ihren Schuhriemen reißt und Sie sich und Ihren Hund für den Gehorsamskurs vormerken lassen.

Anhang

Anschriften, die Sie kennen sollten

Bundesrepublik Deutschland

Verband für das
Deutsche Hundewesen e. V. (VDH)
Westfalendamm 174
44141 Dortmund

√ Allgemeiner Deutscher Rottweiler-Klub
e. V. (ADRK)
Rintelner Str. 385
32457 Porta Westfalica

Österreich

Österreichischer Kynologenverband
Johann Teufelgasse 8
A-1238 Wien

Österreichischer Rottweilerklub
Stranzenberggasse 14
A-1130 Wien

Schweiz

Schweizer Rottweiler-Club (SRC)
Brunnweid 76
CH-5643 Sins

Literatur

ALLGEMEINER DEUTSCHER ROTTWEILER-KLUB (ADRK) E. V.: Auszug aus den Zuchtbestimmungen.

DORN, F. K.: Hund und Umwelt.

NIEMAND, H. G.: Hundehaltung, aber wie? Verlag Örtel und Spörer. 4. Auflage 1984. Verlag Paul Haupt.

RÄBER, H.: Brevier neuzeitlicher Hundezucht.

SCHÄNZLE, M.: Studien zur Zuchtgeschichte des Rottweiler Hundes. Diss. Ludwig-Maximilians-Universität zu München, 1967.

TRUMMLER, E.: Mit dem Hund auf du.

Weiterführende Literatur aus dem Parey Buchverlag

BEYERSDORF, P., 1997: Dein Hund auf Ausstellungen. 3. Auflage

BURTZIK, P., 1996: Erziehung und Ausbildung des Hundes. 5. Auflage.

FIEDELMEYER, L., 1983: Kauf, Pflege und Fütterung des Hundes. 3. Auflage.

HEGENDORF, 1980: Der Gebrauchshund. Haltung, Ausbildung und Zucht. 14. Auflage

KOBER, U., PEPER, W., 1995: Pareys Hundebuch. 2. Auflage.

POORTVLIET, R., 1987: Mein Hundebuch. 2. Auflage.

QUEDNAU, F., 1987: Rechtskunde für Hundehalter.

SCHMIDTKE, H.-O., 1984: Gesundheitsfibel für Hunde. 2. Auflage.

WEIDT, H., 1996: Der Hund, mit dem wir leben: Verhalten und Wesen. 3. Auflage.

Bildnachweis

Seiten 2, 80
Roberto Tierfotografie, Gronau

Seiten 9, 17, 20, 34, 37, 46, 72
Paula Heikkinen-Lehkonen, Luhtikylä
(Finnland)

Seite 10
Rolf Hinz, Wedel

Seiten 11, 12, 15
Wilhelm Faussner jun., München

Seiten 18, 19
Franz Vogt, Wien

Seite 23
K. Pot, Borgercompagnie (Niederlande)

Seiten 27, 31, 52, 59
Monika und Rainer Zielbauer, Rückersdorf

Seite 40
Sonja und Günter Feldmann, Mjondalen
(Norwegen)

Seiten 49, 63
Österreichischer Kynologenverband, Wien

Seite 50
Dr. Christine und Hans Dreier, Baden
(Österreich)

Seite 69
Johann Dachauer, Tattendorf (Österreich)

Seiten 74, 76
Karin und Dr. Hans Hüppe, Kindberg
(Österreich)

Die übrigen Abbildungen stammen vom
Verfasser

Rund um den Hund !

M. Krings / E. Peper

Der kindersichere Hund

Freund, Beschützer, Spielgefährte
Mit einem Anhang für Kinder, 12 Goldene Regeln
im Umgang mit Hunden
1996. 136 Seiten mit 80 farbigen Abbildungen.
15 x 19,7 cm. Gebunden.
DM 29,80 / öS 218,– / sFr 27,50
ISBN 3-8263-8407-5

U. Kober / W. Peper

Pareys Hundebuch

2., neubearbeitete und ergänzte Auflage
1995. 271 Seiten mit 252 Abbildungen,
davon 210 farbig. 14 x 22 cm. Gebunden.
DM 58,– / öS 423,– / sFr 53,50
ISBN 3-8263-8033-9

R. Poortvliet

Mein Hundebuch

Aus dem Holländischen
2. Auflage. 1987. 232 Seiten mit über
750 meist farbigen Zeichnungen. 22 x 28 cm.
Gebunden. DM 64,– / öS 467,– / sFr 59,–
ISBN 3-8263-8261-7

H. R. Askew

Behandlung von
Verhaltensproblemen bei
Hund und Katze

Ein Leitfaden für die tierärztliche Praxis
Aus dem Amerikanischen von
Kirsten Thorstensen.
1997. XI, 372 Seiten mit
25 Abbildungen und 20 Tabellen.
17 x 24 cm. Broschiert.
DM 88,– / öS 642,– / sFr 81,–
ISBN 3-8263-3138-9

Preisstand: 1. Juli 1997

Zu beziehen über den Buchhandel.
Parey Buchverlag · Berlin
Kurfürstendamm 57 · D-10707 Berlin
Tel.: (030) 32 79 06-59
Fax: (030) 32 79 06-44
e-mail: parey@blackwis.de
Internet: http://www.blackwis.com

2,50 €